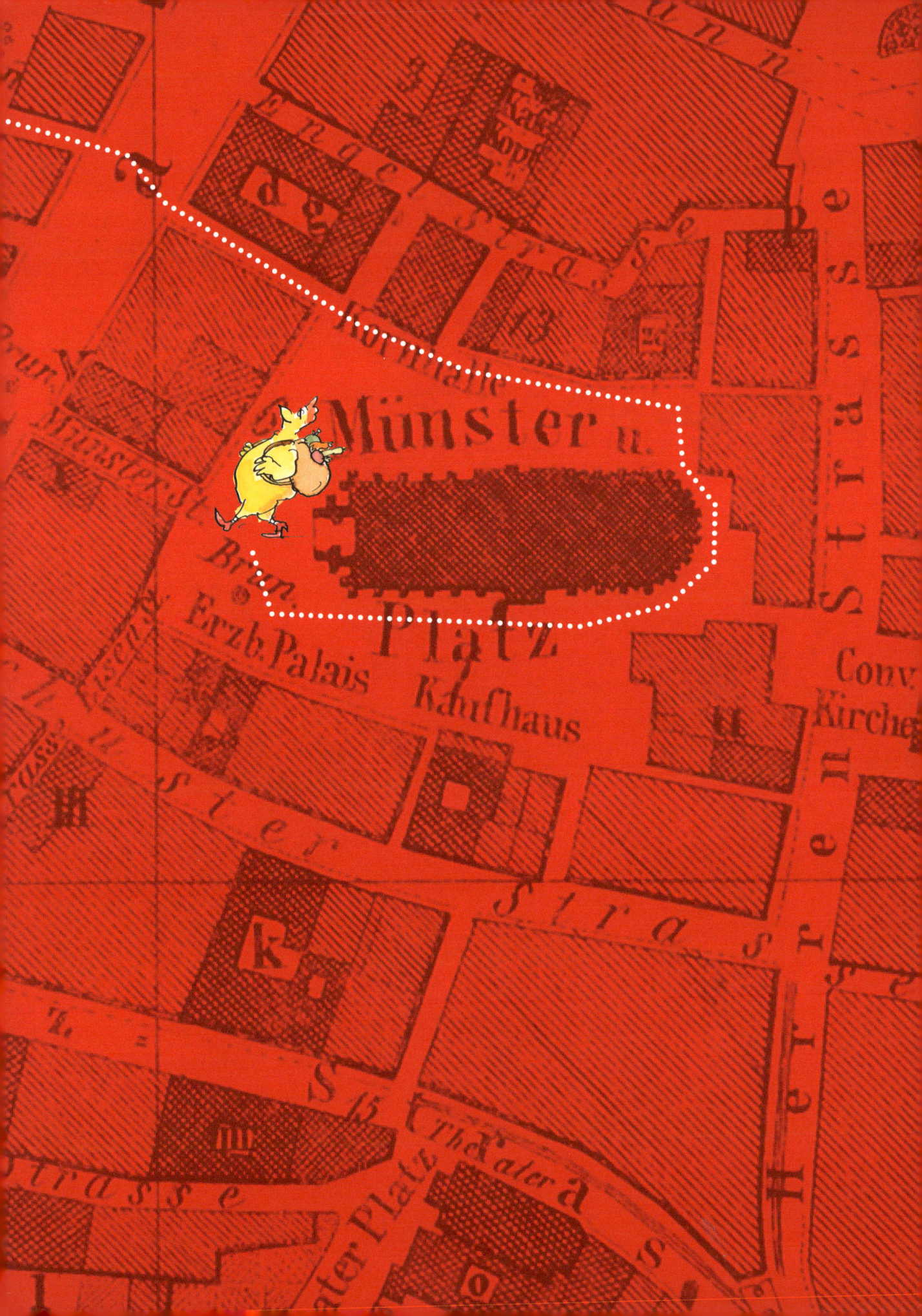

Das Freiburg-Kochbuch

rombach

PETER GAYMANN   HANS-ALBERT STECHL

Das Freiburg Kochbuch

70 Rezepte

Vorspeisen

- 16 Apfel-Meerrettich-Suppe
- 18 Lauwarmer Kürbissalat
- 20 Lachsrolle
- 22 Geräucherte Forelle mit Rote-Beete-Mousse
- 24 Petersilienwurzel-Püree
- 26 Gemüse mit Parmesan-Crumbles
- 30 Rote Beete mit Ziegenkäse
- 32 Spargelsuppe, klassisch
- 34 Gebratene Topinambur
- 36 Überbackene Artischocken
- 38 Wildschweinterrine
- 40 Muschelsuppe

Vegetarisch

- 44 Gebratenes Gemüse
- 46 Gefüllte Bärlauch-Pfannkuchen
- 48 Arme Ritter mit Pilzen
- 52 Pastinaken-Bolognese
- 54 Polenta mit Wintergemüse
- 56 Bunter Mangold mit Kartoffelpüree und pochiertem Ei
- 58 Gefüllte Kartoffelküchle
- 60 Zucchini-Spaghetti
- 62 Rosenkohl-Kartoffel-Gratin
- 64 Auflauf mit Süßkartoffeln
- 66 Couscous-Auflauf
- 70 Sauerkraut-Tarte
- 72 Kartoffel-Steinpilz-Pizza
- 74 Sellerieknolle am Stück
- 76 Grünkohl
- 78 Spinatpastete
- 80 Kirschplotzer

Fisch

- 84 Fisch auf Sauerkraut
- 86 Fisch in Erbsensauce
- 88 Forelle aus dem Ofen
- 90 Gemüse-Reis-Fisch-Topf
- 92 Matjes-Gemüse-Kartoffel-Salat
- 94 Forelle oder Saibling mit Linsen-Gemüse-Vinaigrette
- 96 Miesmuscheln
- 100 Matelote
- 102 Piccata mit Fisch
- 104 Rotbarbenfilets auf geröstetem Brot
- 106 Zucchini-Spaghetti Vongole

Geflügel

- 110 Kräuterhähnchen mit Sommergemüse-Salat
- 112 Canard à l'Orange
- 114 Ganzes gefülltes Hähnchen
- 116 Gefüllte Poulardenbrust mit Gemüse
- 118 Hühnerbrühe
- 120 Putenkeule mit Gemüse
- 122 Maishähnchen mit Morchelrahmsoße
- 124 Wiener Backhendl

Fleisch

- 128 Kartoffel-Lauch-Schinken-Quiche
- 130 Lauwarmer Rindfleisch-Spargel-Salat
- 132 Kalbshaxe mit Vinaigrette
- 134 Blutwurststrudel
- 138 Zickleinbraten
- 140 Geschmorte Kalbsbäckle
- 142 Teller-Gallert
- 144 Kalbsragout
- 146 Kalbstafelspitz
- 150 Wildhasenragout
- 152 Kleine Schnitzel aus Schweinefilet

Dessert

- 156 Aperol-Spritz-Nachspeise
- 158 Frische Beeren mit Buttermilch-Mousse
- 160 Erdbeer-Charlotte
- 162 Feigentarte
- 164 Großmutters Apfelkuchen
- 166 Eiskalte Melonensuppe
- 168 New York Cheesecake
- 170 Pancakes mit Heidelbeeren
- 172 Pavlova
- 174 Rhabarber mit Ziegenquark
- 176 Gratiniertes Zwetschgenkompott

... der Rest vom Fest mmmh

- 178 Register
- 180 Die Autoren
- 183 Wir sagen Danke!
- 184 Impressum

Alle Wege führen zum **Freiburger Münstermarkt:** Peter Gaymanns Hühner laufen schnurstracks auf den historischen Stadtplänen dort hin, und wir Genussmenschen sowieso. Dieser Markt ist und bleibt eine unvergleichliche Quelle der kulinarischen Inspiration.

Genau so ist auch unser Kochbuch gedacht: Es soll eine Fundgrube sein mit jeder Menge **Anregungen** für eigene Ideen zu Hause am Herd – und nicht zwingend eine Vorgabe für grammgenaues Nachkochen. Wobei das bei meinen Rezepten selbstverständlich auch klappt – wie immer! Geschätzte 99,9 Prozent aller Zutaten bekommt man auf dem Freiburger Münstermarkt und einigen kleinen spezialisierten Einzelhandelsgeschäften drum herum – und selbstverständlich auch auf allen anderen Stadtteil- und Bauernmärkten sowie in den Hofläden unserer **genussfreudigen Region.**

Damit sind auch schon die meisten Fragen beantwortet, die sich heute alle stellen, die die wichtige Rolle unseres Ernährungsverhaltens für die eigene Gesundheit und für die Umwelt kennen: Kauft vor allem das, was hier bei uns in der Saison wächst und gedeiht, unterstützt regionale Märkte, Bauernläden und den Einzelhandel, kocht selbst – und es wird uns allen besser gehen.

In diesem Sinne wünsche ich einen entspannten Einkaufsbummel, **stressfreies Kochen** und grenzenlosen Genuss in froher Runde.

Hans-Albert Stechl

Seit Januar 2020 steht fest: **Es gibt keine Zufälle.**

Da habe ich beim Neujahrsempfang des Oberbürgermeisters gemeinsam mit tausend anderen Menschen den **900. Geburtstag** meiner Heimatstadt Freiburg gefeiert. Man trifft diese und jenen, großes Hallo und so weiter.

Ich traf »zufällig« Renate Heyberger wieder: War das die Frau, mit der ich in den 90er Jahren ein Student/innen-Kochbuch herausgebracht hatte? Neben ihr stand ihr Mann Hans-Albert Stechl, ein über Freiburgs Grenzen hinaus bekannter Hobbykoch, dessen Rezepte seit Jahrzehnten in der Badischen Zeitung veröffentlicht werden. Wir stießen mit Grauburgunder auf das Schicksal an, schauten uns tief in die Augen und ein neues Projekt war geboren: **Das Freiburg-Kochbuch.** So schnell war noch kein Buchtitel aus der Taufe gehoben.

In der Folge erreichen mich fein ausgearbeitete Rezepte. Anleitungen, die sogar ich nachkochen könnte (behaupte ich mal). Die Zutaten alle vom **Freiburger Münstermarkt.** Schon beim ersten Durchlesen fallen mir passende Illustrationen ein, und der Zeichenstift geht fast von allein auf Wanderschaft. Mit einem **Skizzenbuch voller Ideen** fahre ich erneut nach Freiburg. Mit am Tisch sitzen inzwischen der perfekte Grafiker und ein Vertreter des Rombach Verlages. Alle Mitwirkenden wünschen sich ein opulentes, farbenfrohes, humor- und genussvolles Werk. Ein Kochbuch, das in keinem Freiburger Haushalt fehlen darf, das nicht nur zum Kochen, sondern auch zum Lachen einlädt.

Der Wunsch wurde Wirklichkeit. **Stoßen wir darauf an!** Ob mit Weißwein oder mit Rotwein? Egal. Hauptsache al dente.

Peter Gaymann

Suppen & Vorspeisen

Apfel-Meerrettich-Suppe

Wer nicht mehr so ganz taufrische Äpfel zu Hause hat, macht daraus Apfelkompott. Oder aber – dies ist ein Vorschlag aus der österreichischen Küche, die die badische Küche ja über eine lange Zeit hinweg maßgeblich geprägt hat – eine ausgesprochen leckere und raffinierte Salzburger Apfel-Meerrettich-Suppe.

Eines gleich vorweg: So richtig gut wird diese Suppe nur dann, wenn man frisch geriebenen Meerrettich verwendet. Meerrettich aus dem Glas eignet sich nur bedingt und als Notlösung. Und wenn er doch aus dem Glas kommt, dann sollte es kein Sahnemeerrettich sein, sondern scharfer Meerrettich pur. Also am besten ein Stück frische Meerrettichwurzel auf dem Markt kaufen, mit dem Messer schälen und dann auf einer scharfen Reibe fein raspeln. Seit sich die superscharfen Micro-Reiben in fast allen Küchen durchgesetzt und die grobzahnigen Blechreiben verdrängt haben, ist auch das kein Problem mehr. Diese Reiben würde ich als eine der ganz, ganz wenigen wirklich sinnvollen Erfindungen der letzten Jahrzehnte im Bereich »Kochzubehör« einstufen.

Zunächst Äpfel schälen und vierteln, das Kernhaus herausschneiden, Apfelschnitze in kleine Würfel schneiden und in eine Schüssel geben, dann den Zitronensaft darüber schütten. Alles gut durchmischen, damit die Apfelstücke ringsum mariniert werden. Das gibt nicht nur einen feinen Geschmack, sondern verhindert auch, dass die Apfelstücke oxydieren und braun anlaufen.

Zwiebeln und Kartoffeln schälen und in kleine Würfel schneiden. In einem ausreichend großen Topf die Butter erhitzen, die Zwiebel- und die Apfelstücke dazugeben, Zucker darüber streuen und alles fünf Minuten schmoren. Der Zucker darf karamellisieren, aber nicht zu dunkel werden. Dann die Kartoffelstücke dazugeben, weitere fünf Minuten schmoren lassen und mit dem Weißwein ablöschen. Nun kommt die Brühe in den Topf. Rinder- oder Gemüsebrühe eignen sich am besten, aber auch mit einer leichten Hühnerbrühe schmeckt es. Einmal kräftig aufkochen und dann bei kleinerer Flamme 20 Minuten köcheln lassen. Zur Kontrolle ein Apfel- oder Kartoffelstück probieren. Diese sollten gut weich sein und dürfen auch schon ein bisschen zerfallen.

Zum Schluss den frisch geriebenen Meerrettich in die Suppe rühren und mit Salz und Pfeffer herzhaft abschmecken.

Für jede Portion zwei dünne Scheiben gekochtes Rindfleisch in mundgerechte Stücke schneiden, in die Teller legen, mit der heißen Suppe übergießen und mit fein gehackter Petersilie bestreuen.

Aus diesem Suppenrezept lässt sich ohne großen weiteren Aufwand auch ein Magen füllender Eintopf als Hauptmahlzeit zubereiten. Dafür alle Mengenangaben verdoppeln und die Kartoffelmenge verdreifachen. Auch die Einlage aus gekochtem Rindfleisch darf gerne mehr als nur verdoppelt werden.

Zutaten für vier Personen

500 g mürbe Äpfel
1 Zitrone
150 g Zwiebeln
150 g mehlig kochende Kartoffeln
1 gehäufter EL Butter
1 gestrichener TL Zucker
⅛ l trockener Weißwein
1 l Gemüse- oder Rinderbrühe
2 gehäufte EL frisch geriebener Meerrettich
Salz und Pfeffer
8 dünne Scheiben gekochtes Rindfleisch
1 Bund Petersilie

Lauwarmer Kürbissalat

Dieser Kürbissalat mit seiner herbstlichen Note bekommt seinen kulinarischen Reiz durch die Kombination aus orientalischen Gewürzen, der Süße der Datteln und der bitter-herben Frische des Radicchio.

Kürbis vierteln, mit einem Löffel das faserige Innere mit den Kernen herauskratzen. Je nachdem, welche Sorte man nimmt, muss man die Spalten noch schälen – beim Hokkaido kann man sich diese Arbeit sparen. Es wäre aber ein Fehler, nur diese Arbeitserleichterung im Blick zu haben und derentwegen viele andere leckere Kürbissorten, wie zum Beispiel den Butternusskürbis (nussiges Aroma) oder den Chestnut (erinnert an Esskastanien) links liegen zu lassen.

Den Kürbis in etwa zwei Zentimeter große Würfel schneiden.

– Gruß aus der Küche –

Zunächst die Kürbiswürfel marinieren. Für die Marinade Ingwer fein reiben, Kreuzkümmel im Mörser fein zerstoßen, zusammen mit Zimt und Olivenöl verrühren.

Die Kürbiswürfel in eine Schüssel geben, die Marinade darüber schütten, alles gut vermengen und eine Viertelstunde durchziehen lassen. Auf einem Backblech verteilen und im auf 200 Grad vorgeheizten Backofen (Ober- und Unterhitze, mittlere Einschubleiste) garen. Das dauert je nach Kürbissorte zwischen 20 und 30 Minuten. Der Kürbis sollte weich sein und etwas Biss haben, auf keinen Fall darf er übergaren und matschig werden.

Couscous nach den Angaben auf der Packung zubereiten. Den fertig ausgequollenen Couscous mit einer Gabel gut auflockern.

Datteln entkernen und in kleine Stückchen schneiden. Petersilie abzupfen und fein hacken. Radicchio waschen, trockenschleudern und in grobe Stücke schneiden oder zupfen. Das alles kommt zusammen mit den Kürbiswürfeln, die noch gut warm sein sollten, und dem Couscous in eine große Schüssel.

Die Vinaigrette besteht aus Olivenöl, Zitronensaft, Honig, Pfeffer und – für den Pep – aus einer Prise Chilipulver. Alles gut verrühren und über den Salat gießen, sorgfältig vermengen und ein paar Minuten durchziehen lassen. Den Salat auf einer Platte anrichten. Etwas grobes Salz und grob geschroteten Pfeffer darüber geben und zum Schluss noch mit der fein gehackten Petersilie bestreuen.

Geröstetes Weißbrot passt bestens dazu. Man kann das Brot auch würfeln (Zuckerstück-Größe), in einer Pfanne in Butter goldgelb braten und dann diese Croutons unter den Salat mischen.

Zutaten für vier Personen

1 Kürbis mit ca. 1 kg Gewicht

Marinade
1 daumengroßes Stück Ingwer
1 gehäufter TL gemahlener Zimt
1 gehäufter TL gemörserter Kreuzkümmel
1 Schuss Olivenöl

200 g Couscous
1 kleiner Kopf Radicchio
10 Datteln
½ Bund glatte Petersilie

Vinaigrette
1 EL Honig
4 EL Olivenöl
1 Zitrone
Salz und Pfeffer
1 Prise Chilipulver

1–2 Baguette
etwas Butter

Lachsrolle

Diese Lachsrolle ist – mit etwas Salat umlegt – eine sehr feine Vorspeise. Da man sinnvollerweise immer gleich eine Rolle von der Länge eines Backblechs zubereitet und diese in fingerdicke Scheiben schneidet, bekommt man im Ergebnis um die 20 Scheiben – genügend für einen ausgiebigen Brunch. Die Rolle hält sich im Kühlschrank problemlos einen Tag, so dass man auch auf Vorrat arbeiten kann.

Wir brauchen je nach persönlicher Vorliebe den etwas kräftigeren geräucherten – oder den im Geschmack eher zurückhaltenden – gebeizten Lachs. Wer ihn fertig beim Fischhändler kauft sollte darauf achten, dass die Scheiben nicht allzu dünn aufgeschnitten werden.

Die einzige handwerkliche Herausforderung ist die Zubereitung der äußeren Hülle, einer dünnen Scheibe aus Eiern, etwas Käse und Spinat. Den frischen Spinat waschen, Stiele entfernen, trocken schleudern und fein hacken. Eier mit dem Schneebesen schaumig schlagen, salzen und pfeffern, geriebenen Käse und Spinat dazugeben, alles gut verrühren.

Backblech komplett mit Backpapier auslegen, an den Rändern das Papier etwas nach oben falzen. Darauf die Eiermischung gießen und gleichmäßig verteilen, in den auf 200 Grad vorgeheizten Backofen schieben (Ober- Unterhitze, mittlere Einschubleiste) und zehn Minuten backen (die Masse muss gut gestockt sein). Herausnehmen und abkühlen lassen. Dann mit einem weiteren Stück Backpapier belegen, stürzen und das Backpapier, auf dem die Eiermasse gegart wurde, vorsichtig nach oben abziehen. Das ist manchmal eine etwas fitzelige Arbeit, aber mit etwas Geduld gelingt es ohne größere Probleme. Wenn sich das Backpapier gar nicht gut lösen lässt, legt man ein feuchtes Küchentuch darauf. Dadurch wird das Papier etwas aufgeweicht und lässt sich leichter abziehen.

Eier-Spinat-Käse-Platte mit einer Kräuter-Frischkäse-Mischung gleichmäßig bestreichen. Für diese Mischung Frischkäse mit Joghurt und Meerrettich mit dem Schneebesen gut verrühren, feingehackte Kräuter dazugeben, salzen und pfeffern.

Auf diese Frischkäseschicht die Lachsscheiben nebeneinander verteilen. Etwas Zitronensaft drauf träufeln, kräftig pfeffern und von der Längsseite her aufrollen. Eher fest und nicht zu locker rollen, damit die aufgeschnittenen Scheiben später nicht auseinander fallen. Die Rolle in Backpapier wickeln und mindestens eine Stunde im Kühlschrank kaltstellen.

Herausnehmen, auswickeln und mit einem sehr scharfen Messer in fingerdicke Scheiben aufschneiden.

Pro Portion ein bis zwei Scheiben mit Pflücksalat anrichten.

Zutaten für eine Rolle von der Länge eines Backblechs (ca. 20 Scheiben)

Für die Eier-Spinat-Käse-Platte
6 Eier
150 g frischer junger Spinat
50 g geriebener Parmesan
Salz und Pfeffer

Frischkäsemasse
200 g Frischkäse
50 g Joghurt
2 gehäufte TL Sahnemeerrettich
verschiedene klein gehackte Kräuter wie Dill, Schnittlauch, Petersilie
Salz und Pfeffer

250 g nicht zu dünn geschnittener Lachs (geräuchert oder gebeizt)
Saft von ½ Zitrone
Pfeffer

2 Stücke Backpapier von der Größe des Backblechs

Pflücksalat als Beilage

Geräucherte Forelle mit Rote-Beete-Mousse

Entspannt kochen, wenn man Gäste erwartet: das heißt für mich, das eine oder andere schon mal am Vortag vorzubereiten. Bei dieser Vorspeise ist das überhaupt kein Problem. Man kann sie ohne jeden Qualitätsverlust – weder optisch noch geschmacklich – einen Tag im Kühlschrank aufbewahren. Am entscheidenden Tag kommen dann nur noch ein paar Toppings oben drauf. Das ist in wenigen Minuten erledigt.

Für die Mousse die gekochten und geschälten Roten Beete zusammen mit dem Zitronensaft und dem Frischkäse sehr gut pürieren. Ob man die Knollen selbst weich kocht (im Dampfkochtopf dauert das rund eine halbe Stunde) oder fertig gekochte am Marktstand kauft, ist für das Ergebnis nicht wirklich entscheidend – vorausgesetzt, die vorgekochten wurden nicht mit allen möglichen Konservierungsstoffen und sonstigem chemischem Klimbim traktiert.

Sahne steif schlagen und unterrühren, mit Salz, Pfeffer, einer Prise Zucker und mit einem Spritzer Zitronensaft abschmecken. Blattgelatine nach den Angaben auf der Packung in kaltem Wasser ein paar Minuten einweichen, ausdrücken und in einem guten Schuss Weißwein erwärmen und auflösen. Wenn Kinder mitessen, kann man den Wein entweder durch Rote-Beete-Saft oder einen anderen Saft ersetzen. Diese Lösung wird noch warm zu den pürierten Roten Beeten gegossen und sofort untergerührt, damit sich die Gelatine möglichst gleichmäßig verteilt.

Diese Masse in Gläser füllen, möglichst so, dass diese nicht verschmiert werden. Am besten gelingt dies, wenn man die Masse aus einem Gefäß mit Ausgussschnabel vorsichtig in die Gläser gießt. Die Gläser mit Frischhaltefolie verschließen und über Nacht in den Kühlschrank stellen.

Kurz vor dem Servieren wird diese Vorspeise wie folgt vollendet: Eine Rote Beete fein würfeln, mit dem zerbröckelten Pumpernickel vermischen und auf die Mousse streuen. Crème fraîche wird mit geriebenem Meerrettich und etwas Salz und Pfeffer sowie einem Esslöffel Zitronensaft glatt gerührt. Wer Meerrettich aus dem Glas nimmt, sollte puren und keinen Sahnemeerrettich verwenden, da dieser, mit Crème fraîche vermischt, kaum noch Pep hat. Von dieser Mischung kommt ein gut gehäufter Teelöffel oben drauf. Und auf dieses Crème-fraîche-Häufchen zwei, drei Stücke von dem geräucherten Forellenfilet legen und alles mit einem Stängel Dill dekorieren. Mit einem Stück Baguette servieren.

Zutaten für sechs Personen

Für die Mousse
500 g gekochte Rote-Beete-Knollen
2–3 EL Zitronensaft
Salz
Pfeffer
Zucker
150 g Frischkäse
100 g Schlagsahne
3 Blatt Gelatine
0,1 l trockener Weißwein oder Rote-Beete-Saft zum Auflösen der Gelatine

Topping
1 kleine Knolle gekochte Rote Beete
1 Scheibe Pumpernickel

150 g Crème fraîche
2 gehäufte EL geriebener Meerrettich
Salz
Pfeffer

Petersilienwurzel-Püree

Mit darüber gehobelten Trüffeln ist das eine Vorspeise, die sich auch in einem Spitzen-Restaurant nicht verstecken müsste. Bei meinem Versuch, das Rezept für den »Normalhaushalt« nachkochbar zu machen, bin ich letztendlich bei Haselnüssen gelandet. Schmeckt prima!

Wenn wir beim Einkauf der Petersilienwurzeln darauf achten, dass sie oben noch mit einem Büschel Grünzeug versehen sind, können wir uns den Kauf eines zusätzlichen Bundes Petersilie sparen.

Das Grünzeug abschneiden und beiseitelegen. Die Wurzeln mit dem Gemüseschäler schälen und grob würfeln, ebenso die Kartoffeln.
Ein Stück Butter in einem Topf bei milder Hitze schmelzen, die Gemüsewürfel dazugeben und alles ein paar Minuten dünsten. Umrühren und darauf achten, dass die Hitze nicht zu stark ist und nichts braun wird. So viel Milch dazugeben, dass die Gemüsestücke knapp bedeckt sind. Das Gemüse darin 20 Minuten lang ohne Deckel weich kochen.

Alles mit dem Stabmixer pürieren, so dass eine glatte Masse entsteht, von der Konsistenz ähnlich wie Kartoffelpüree. Mit Salz, Pfeffer, Muskat und einem kleinen Schuss (höchstens zwei Esslöffel) »Noilly Prat« abschmecken. Das ist ein französischer Wermuth, der vor allem in der Fischküche verwendet wird, aber auch hier für eine tolle Abrundung sorgt. Ein Stück Butter unterrühren: das verfeinert den Geschmack.

Petersiliengrün waschen, die Stängel entfernen und eine Minute in kochendem Salzwasser blanchieren. Die Petersilie in ein Sieb abschütten, sofort kalt abbrausen, ausdrücken und grob hacken.

Vom Wurzelpüree etwa ein Fünftel in einen Mixbecher füllen, das Petersiliengrün und ein achtel Liter Wasser dazugeben, alles durchpürieren. Anschließend die Masse mit dem Rücken einer Schöpfkelle in kreisenden Bewegungen durch ein Sieb drücken.

Nun haben wir zwei feine Pürees, die sich farblich und im Geschmack deutlich unterscheiden. Das grüne Püree sollte etwas flüssiger sein als das weiße. Obendrauf gibt es keine Trüffel, sondern in Butter geröstete Haselnüsse. Dafür eine Handvoll Haselnüsse grob hacken. In einer Pfanne ein Stück Butter schmelzen, die Haselnüsse dazugeben und bei milder Hitze vorsichtig so lange braten, bis die Nüsse etwas Farbe angenommen haben und die Butter gebräunt ist.
Anrichten: Pürees erwärmen, als Grundlage eine dünne Schicht vom grünen Püree im Teller verteilen. Vom weißen Püree ein Schöpfer voll in die Mitte geben und von der Haselnussbutter jeweils ein bis zwei Esslöffel darüber gießen.

VORSPEISEN

Zutaten für vier Personen

500 g Petersilienwurzeln mit Grün
(oder ein Bund Petersilie extra)
150 g mehlige Kartoffeln
Butter zum Dünsten und Braten

½ l Milch
Salz, Pfeffer, Muskat
2 EL Noilly Prat zum Abschmecken

1 Handvoll Haselnüsse

Gemüse mit Parmesan-Crumbles

Crumbles werden in aller Regel ja süß zubereitet. Der Zwetschgen-Crumble ist wohl die bekannteste Variante. Diese würzig-salzige Art zusammen mit Gemüse ist eine feine Vorspeise oder eine passende Beilage zu allem Herzhaften.

Auberginen in fingerdicke Scheiben schneiden. Eine Pfanne hauchdünn mit Öl ausstreichen. Darin die Auberginenscheiben auf beiden Seiten etwa fünf Minuten scharf anbraten. Beim Wenden der Scheiben nochmal ein bisschen Öl in die Pfanne nachgießen. Sie sollten deutliche braune Stellen bekommen. Auf diese Weise werden die Auberginen vorgegart, ohne dass sie sich wie ein Schwamm mit Öl vollsaugen. Besonders gut gelingt diese Prozedur in einer Grillpfanne.

Tomaten waschen, abtrocknen und in fingerdicke Scheiben schneiden. Den Käse in etwas dünnere Scheiben schneiden. Man kann Mozzarella nehmen oder – wer es etwas kräftiger mag – Ziegenkäse, ideal ist jener in Form einer Rolle. Die Kräuter (Thymian und Petersilie harmonieren am besten) von den Stängeln zupfen beziehungsweise grob hacken, ebenso die Nüsse. Welche Nüsse wir nehmen, ist ebenfalls Geschmackssache – von Pinienkernen über Haselnüsse bis zu Mandeln passt alles.

Zum Backen kann man eine Reine nehmen, und das Gericht darin fertig garen. Oder einzelne Portions-Schälchen: Das finde ich schicker, vor allem dann, wenn der Crumble als Vorspeise konzipiert wird.

Die Schälchen dünn mit Öl auspinseln und die Zutaten einschichten: Zunächst eine Lage von den Auberginenscheiben, darauf Tomatenscheiben und eine Schicht Mozzarella oder Ziegenkäse geben, dann alles nochmal wiederholen. Mit Auberginenscheiben abschließen. Wichtig: Zwischen jede Schicht werden Kräuter und Nüsse verteilt sowie ganz wenig grobes Salz (je nachdem, wie salzig der Käse schon ist) und etwas Pfeffer gestreut. Zum Schluss kommt ein kleiner Schuss Olivenöl obendrauf. In einer Backreine wird alles genauso geschichtet.

Schälchen in den auf 200 Grad vorgeheizten Backofen (Ober- und Unterhitze, mittlere Einschubleiste) schieben und 15 Minuten garen.

In dieser Zeit werden die Parmesan-Crumbles vorbereitet. Dazu das Mehl mit dem geriebenen Parmesan in einer Schüssel vermischen, die in kleine Stücke geschnittene, kalte Butter sowie etwas Pfeffer aus der Mühle dazugeben und alles mit den Händen kneten, bis sich eine bröselig-bröckelige Masse ergibt. Schälchen aus dem Backofen nehmen und die Crumbles darauf verteilen, zurück in den Backofen schieben und nochmal rund zehn Minuten weiterbacken, bis die Crumbles eine schöne braune Farbe haben. Zum Schluss vielleicht noch den Grill zwei, drei Minuten dazuschalten.

Heiß servieren, als Vorspeise am besten mit einem Stück Baguette.

Zutaten für vier Personen

3 mittelgroße Auberginen
500 g Tomaten
400 g Mozzarella oder Ziegenkäse
100 g gemischte Kräuter (Thymian und Petersilie)
100 g Nusskerne (Pinienkerne, Mandeln, Haselnüsse)
Salz und Pfeffer
Olivenöl

Crumbles

60 g Mehl
50 g fein geriebener Parmesan
50 g kalte Butter
Pfeffer

Lieben heißt...

...den anderen so nehmen wie er isst!

Rote Beete mit Ziegenkäse

So erlebt auf dem Freiburger Münstermarkt, Nordseite, bei den Bauernständen: ein kostenloser Fortbildungskurs zur möglichst vollständigen Verwertung von Gemüse (Leaf-to-Root, die vegetarische Variante zur Nose-to-Tail-Bewegung beim Fleisch). Eine Frau neben mir kauft einen Bund Rote Beete, wunderbar kleine, feste Knollen, keine größer als die Faust eines kleinen Kindes, mit einem Büschel frischer Blätter dran. Die Frau bittet die Bäuerin, diese Blätter wegzuschneiden. Darauf die Verkäuferin: »Ja guete Frau, jetzt horchet se doch emol her«. Die weiteren Ausführungen nachstehend in Hochdeutsch, damit alle, die des Alemannischen nicht mächtig sind, diese Tipps verstehen.

»Sie essen doch auch Mangold und Spinat, oder?« Klares »ja« der Käuferin. »Sehen Sie, dann bereiten Sie diese Stiele und Blätter ganz genau so zu: Waschen, die Stiele in kleine Stücke schneiden und in einer Pfanne in etwas Butter zusammen mit einer fein geschnittenen Zwiebel dünsten, bis sie gar sind – weich oder bissfest, ganz nach Belieben. Die nicht so schönen Blätter aussortieren, den Rest in Stücke zupfen und zum Schluss noch für ein paar Minuten zu den Stielen in die Pfanne geben, Deckel drauf. Die fallen zusammen wie Mangold. Salzen, pfeffern und mit Muskat würzen und Sie haben ein wunderbares Gemüse – quasi geschenkt!«

»Und ich mache aus den Blättern Smoothie.« Die andere Dame neben mir hatte gleich noch einen Tipp parat zur weiteren Verwendung für die Blätter der Roten Beete.

Klar, dass ich meinen Einkaufsplan auf der Stelle über den Haufen geworfen habe und mit einem Bund frischer Roter Beete nach Hause geradelt bin, um alle diese Informationen am heimischen Herd auszuprobieren. Denn bei mir sind bislang – Asche auf mein Haupt! – diese Blätter auch immer im Abfall gelandet. Um es kurz zu machen: Alles, was die Bäuerin gesagt hat, stimmt hundertprozentig.

Knollen waschen und weichkochen. Das dauert auch bei kleinen Exemplaren ohne Dampfkochtopf rund eine halbe Stunde. Danach unter fließendem Wasser schälen, so vermeidet man rote Finger. Je nach Größe vierteln oder achteln.

Auf einem Teller das Gemüse anrichten, die Knollen darauf verteilen, mit grobem Meersalz und Pfeffer würzen und mit klein gehacktem Dill bestreuen.

Rote Beete braucht Säure, eine Vinaigrette passt deshalb perfekt: Scharfen Senf, Essig und Öl mixen. Vinaigrette über die Roten Beete geben und zum Schluss alles mit zerbröckeltem Schafs- oder Ziegen-Frischkäse garnieren.

Dazu passt geröstetes Baguette.

Zutaten für vier Personen

4 kleine Rote Beete mit Kraut
1 mittelgroße Zwiebel
Butter zum Dünsten
Salz und Pfeffer
Muskatnuss
1 Bund Dill

Vinaigrette

Scharfer Senf
Essig
Öl

200 g Frischkäse (Schaf oder Ziege)
Baguette

Spargelsuppe, klassisch

Die Redaktionen von Food-Magazinen sind nicht zu beneiden. Jedes Jahr zur Spargelzeit müssen sie auf Teufel komm raus neue Ideen zum saisonalen Lieblingsgemüse kreieren. Aber da Rezepte rund um den Spargel nun mal endlich sind und das Wechseln der Beilage (mal Schinken, mal Schnitzel, mal Filet) zwar schmeckt, aber auch nicht wirklich eine umwerfend neue Idee ist, kommen dann so verwegene Dinge dabei heraus wie »Spargel-Kokos-Suppe mit Rhabarber-Jalapeño-Salsa«. Na ja.

In einer nicht repräsentativen Umfrage habe ich erfahren, dass kaum noch jemand weiß, wie man die ganz klassische, meinetwegen auch altmodische Spargelsuppe zubereitet. Und die kann mit aller neumodischen Kreativität allemal locker mithalten.

Es fängt, bei einer Suppe kein Wunder, mit der Brühe an. Deshalb gibt es diese Suppe bei mir immer erst dann, wenn zuvor schon ein, zwei Mal kurz hintereinander Spargel auf dem Speiseplan stand. Denn das Kochwasser wird selbstverständlich nicht weggeschüttet, sondern im Kühlschrank aufbewahrt. Ist der Abstand zum nächsten Spargelessen zu lang, friere ich es ein. Darin wird dann auch der nächste Spargel gekocht. Und so bekommt man einen Spargelsud der Extraklasse. Der in kleine Stücke geschnittene Spargel für die Suppe ebenfalls in diesem Sud kochen, herausnehmen und beiseitestellen.

In einem großen Topf bei milder Hitze Butter schmelzen. Das Mehl unter ständigem Rühren dazugeben, bis es sich mit der Butter vollständig verbunden hat. Faustregel: Immer die gleiche Menge Butter wie Mehl nehmen.
Zwei, drei Minuten bei milder Hitze weiter dünsten, damit nichts braun wird.

Ein bisschen vom heißen Spargelsud dazugeben, dabei kräftig mit dem Schneebesen rühren, nach und nach weiteren Spargelsud unter ständigem Rühren dazugeben – erst wenig, dann immer mehr, so wird es im Topf langsam immer flüssiger. Wenn alles gut gegangen ist, gibt es eine glatte Suppe ganz ohne Mehlklümpchen. Haben sich doch Klümpchen gebildet: kein Problem, alles durch ein feines Sieb schütten und die Suppe ist gerettet.

Milch dazugeben, Sahne ist nicht notwendig (sehr gut fand ich die Variante mit Hafermilch), salzen, pfeffern, einen spannenden Kick bringt ein gehäufter Teelöffel geriebener Meerrettich, ganz sparsam Muskat, auf die gewünschte Sämigkeit einkochen oder mit Milch verlängern. Dieses Köcheln sollte mindestens eine Viertelstunde dauern, da sich dadurch der Mehlgeschmack verflüchtigt und nur das Butteraroma zurückbleibt. Die vorgekochten Spargelstücke dazugeben, abschließend erhitzen, mit Schnittlauch bestreuen – fertig.

Zwei Varianten: Wenn man das alles etwas dicker einkocht, hat man ein Spargelgemüse, das zu einem Pfannkuchen köstlich schmeckt.
Oder man macht das ohne Spargelstücke und hat auf diese Weise die alte, klassische Soße zum gekochten Stangenspargel.

Und die schmeckt allemal besser als alle »Päckle-Hollandaise-Soßen« dieser Welt.

Zutaten für vier Personen

2 gehäufte EL Butter
2 gehäufte EL Mehl
1 l Spargelsud
¼ l Milch (Hafermilch)
1 gehäufter TL geriebener Meerrettich
Salz und Pfeffer
Muskatnuss
Schnittlauch
800 g Spargel (Spargelbruch ist völlig ausreichend)

Gebratene Topinambur

Irgendwie fristet die Topinambur-Knolle noch immer ein Schattendasein in unseren Küchen. Mal ein Süppchen, mal ein Püree, das war es meistens schon. Nicht zu vergessen: Der unvergleichliche Schnaps, der aus der Knolle gebrannt wird, der badische Rossler – der Verdauungsschnaps schlechthin! Topinambur schmeckt wunderbar, und gesund ist die Knolle obendrein. Man kann viel mehr mit ihr anfangen. Vielleicht verschafft ihr diese köstliche Vorspeise ein bisschen mehr Akzeptanz auf unseren Speiseplänen.

Wir brauchen acht frische, feste Knollen, jede etwa so groß oder etwas größer als ein dickes Hühnerei. Falls nötig, die Knollen unter fließendem Wasser mit der Gemüsebürste kurz abschrubben. Dann werden sie ungeschält auf ein Backblech gelegt und in den auf 180 Grad vorgeheizten (Umluft, mittlere Einschubleiste) Backofen geschoben. Nach 20 Minuten, immer bei Umluft, sind sie fertig. Sie sind nicht mehr hart, haben aber noch Biss. Das ist wichtig, denn zu weich gegart, schmecken sie wirklich nur noch als Püree oder Suppe.

Die Knollen aus dem Ofen nehmen, etwas abkühlen lassen und schälen, in nicht zu dünne Scheiben schneiden, etwa einen halben Zentimeter dick, beiseitestellen.

Während die Knollen im Backofen garen, haben wir Zeit, ein Petersilien-Pesto zuzubereiten. Von einem halben Bund glatter Petersilie die Blätter abzupfen und klein schneiden. Zusammen mit ein paar gerösteten und gehackten Nusskernen (Pinienkerne, Walnüsse – was gerade zur Hand ist), einer Prise grobem Salz, etwas Pfeffer und reichlich Olivenöl (drei bis vier Esslöffel mindestens) die Petersilie in einem Mörser zu einer Paste verarbeiten. Diese muss nicht ganz glatt sein, sondern darf ruhig noch Stückchen zeigen.

Auch um die Champignons können wir uns in dieser Zeit kümmern: Pilze putzen in Scheiben schneiden – etwas dünner als die Topinambur.

Und nun geht es auch schon auf die Zielgerade, wobei wir nun am besten mit zwei Pfannen arbeiten. In der einen die Champignons in sehr heißem Olivenöl kurz und scharf angebraten.

In der anderen Butter erhitzen, bis sie aufschäumt. Dann gleichmäßig eine Prise Zucker und zwei Prisen Salz in die Butter streuen, Topinambur-Scheiben hineinlegen und sie auf jeder Seite goldbraun anbraten. Das geht, wegen des Zuckers, der karamellisiert, relativ schnell, länger als ein bis zwei Minuten pro Seite sind nicht nötig. Auch darf die Hitze nicht zu stark sein, damit weder die Butter noch der Zucker schwarz werden.

Und schon kann angerichtet werden: Topinambur- und Champignon-Scheiben auf einem Teller schön arrangieren, mit grobem Salz und Pfeffer noch leicht würzen und dann einen Löffel von dem Petersilien-Pesto darüber geben.

VORSPEISEN

Freut euch Kinder. Heute gibt's Topinambur.

Mit Petersilien-pesto.

Ihr seid sooo peinlich!!

Zutaten für vier Personen

8 Topinambur-Knollen
8 große Steinchampignons
½ Bund glatte Petersilie
1 gehäufter EL Nusskerne
Salz und Pfeffer
Zucker
Olivenöl
Butter

Überbackene Artischocken

Hier geht es nicht um die fast Handball großen, runden Artischocken, von denen man Blatt um Blatt abzupft, in eine würzige Soße tunkt, um dann den kleinen unteren, dicken und weichen Teil abzunagen bis man schlussendlich zum Artischockenboden, dem kulinarischen Ziel dieser Aktion, vorgedrungen ist – und sich bei dieser köstlichen Prozedur eher hungrig als satt isst.

Hier ist die Rede von den kleinen, eher ovalen als runden Artischocken, die auch Poweraden heißen, die jung geerntet werden, noch bevor sich in ihrem Inneren das nicht sonderlich beliebte »Heu« gebildet hat, und die nicht viel größer sind als ein dickes Hühnerei. Und die es inzwischen auch aus heimischer landwirtschaftlicher Produktion gibt. Sie wachsen am Kaiserstuhl als auch im Markgräflerland, die damit in direkte Konkurrenz zum Hauptlieferanten, der Provence, treten.

Mit einem sehr scharfen Messer zwei bis drei Zentimeter von der Spitze der Artischocke abschneiden. Die Schnittfläche sofort mit einer halbierten Zitrone einreiben, sonst verfärbt sie sich dunkel. Zwei bis drei Lagen der äußeren, harten Blätter abbrechen. Den Stiel nicht komplett wegschneiden, sondern ein paar Zentimeter dranlassen und diesen ringsum schälen. Die Artischocken so vorbereitet in Salzwasser, dem man den Saft von einer halben Zitrone beigibt, 15 bis 20 Minuten kochen. Abschütten, der Länge nach halbieren und mit der Schnittfläche nach unten auf Küchenpapier legen und so gut austropfen lassen.

Geriebenen Käse und Semmelbrösel vermischen und die Artischocken mit der Schnittfläche fest hineindrücken, so dass diese durchgehend mit einer Käse-Semmelbrösel-Mischung gut bedeckt ist. Vielleicht mit den Fingern noch etwas andrücken. So legt man sie mit der Schnittfläche nach oben auf ein Backblech und gratiniert sie unter dem Grill des Backofens. Wer keinen Grill hat, bäckt sie in der Pfanne in etwas Fett goldgelb aus.

Dann brauchen wir noch eine würzige Tomatensoße. Diese besteht im Wesentlichen entweder aus einer großen Dose mit stückigen Tomaten oder aus einem Kilogramm frischen. Eine Schalotte und eine Knoblauchzehe fein würfeln und in einem Topf in etwas Öl sanft andünsten, bis sie glasig, allenfalls hellgelb sind. Etwas Tomatenmark (fünf bis zehn Zentimeter aus der Tube), einen gehäuften Teelöffel mit gehackten

Kapern, die Tomaten und ein Lorbeerblatt dazugeben. Das alles eine gute halbe Stunde sanft köcheln. Mit Salz, Pfeffer und einer Prise Zucker abschmecken.

400 Gramm Spaghetti oder feine italienische Tagliatelle weich bzw. al dente kochen, abschütten und noch tropfnass in die Tomatensoße geben. Alles zusammen noch ein bis zwei Minuten bei milder Hitze durchziehen lassen. Dadurch verbinden sich die Nudeln schön mit der Soße, was dem Gesamtgeschmack nur guttut.

Auf vorgewärmten Tellern anrichten, zum guten Schluss noch mit einem Faden vom frisch-fruchtigen Olivenöl überziehen und mit Pfeffer aus der Mühle würzen.

Die Zutaten sind eher für ein Hauptgericht berechnet. Für eine Vorspeise genügt jeweils die Hälfte.

Zutaten für vier Personen

10 kleine Artischocken
Salz
Saft einer ½ Zitrone
50 g geriebener Emmentaler
4 EL Semmelbrösel

1 große Dose stückige Tomaten
oder 1 kg frische Tomaten
1 Schalotte
1 Knoblauchzehe
Tomatenmark (5 bis 10 cm aus der Tube)
1 gehäufter TL Kapern
1 Lorbeerblatt
Salz und Pfeffer
1 Prise Zucker

400 g Spaghetti

Wildschweinterrine

Wer noch ein nicht allzu edles Stück Wild im Tiefkühler hat – zum Beispiel ein Stück Schulter vom Wildschwein – dort Platz braucht, aber keine Lust auf den großen Braten verspürt, kann das Fleisch zu einer feinen und schmackhaften Terrine verarbeiten, und damit zu einer leckeren Vorspeise.

Die Mengenangaben beziehen sich auf eine Terrinenform mit 1,5 Litern Inhalt. Daraus kann man ca. 15 bis 20 Scheiben schneiden. Hält sich im Kühlschrank gut ein paar Tage. Die Schnittfläche mit Folie abdecken.

Damit die Terrine mit dem mageren Wild nicht trocken-bröselig, sondern schön saftig wird, muss man eine Portion fettes Fleisch dazugeben, am besten Schweinebauch, der aber nicht geräuchert, sondern nur leicht gesalzen sein darf. Sonst würden die Räucheraromen den Wildgeschmack überdecken. Beide Fleischsorten durch den Fleischwolf drehen – wer keinen eigenen hat, lässt das beim Metzger machen. Falls dieser seine Maschine auf unterschiedlich grobes Hack einstellen kann, die gröbere Variante wählen.

Brötchen in Milch einlegen, so dass sie sich richtig vollsaugen, dann gut ausdrücken und mit dem Messer fein hacken (wer den Fleischwolf zu Hause hat, dreht das Brot mit durch).

Steinpilze im Mörser zerstoßen. Petersilie fein hacken. Oregano und Thymian frisch oder auch getrocknet dazugeben.

Alles in eine große Schüssel füllen, Knoblauch dazu pressen, Eier und Portwein zugeben, salzen, pfeffern und gleichmäßig vermengen. Wer das nicht von Hand machen möchte – mit dem großen Rührhaken der Küchenmaschine auf langsamer Stufe geht das auch. Die Masse sollte eine Konsistenz wie für Fleischküchle haben, vielleicht ein kleines bisschen weniger fest. Man kann gegebenenfalls noch ein Ei oder einen Schuss Portwein (oder Cognac) dazugeben.

Zum Abschmecken einen Teelöffel von der Masse in einer Pfanne braten.

Terrinenform mit den Speckscheiben auslegen. Die Speckscheiben sollten sehr dünn geschnitten sein. Der Speck darf ein leichtes Raucharoma haben. Boden und Wände der Form müssen mit dem Speck komplett ausgekleidet sein. Das Hack randvoll in die Form füllen, überlappende Speckscheiben einklappen, mit weiteren Speckscheiben oben abdecken. Eine Reihe Lorbeerblätter obendrauf legen. Die Form mit dem Deckel verschließen und in eine Bratreine oder ein tiefes Backblech stellen, kochend heißes Wasser einfüllen, so dass die Form bis etwa zwei Zentimeter unter dem Rand im Wasser steht, in den auf 170 Grad vorgeheizten Backofen stellen (Ober- Unterhitze) und eine Stunde garen.

Herausnehmen, abkühlen lassen, mit einem Messer innen einmal ringsum zwischen Terrine und Füllung entlang schneiden und dann fingerdicke Scheiben herausschneiden. Mit Salat und Baguette servieren.

Zutaten für vier Personen

- 500 g Wildschweinschulter
- 200 g Schweinebauch
- 200 g Brötchen
- ¼ l Milch
- 50 g getrocknete Steinpilze
- 1 gehäufter TL getrockneter Thymian
- 1 gehäufter TL getrockneter Oregano
- ½ Bund Petersilie
- 2 Knoblauchzehen
- 1 cl Portwein oder Cognac
- 2 Eier
- 20 Scheiben dünn geschnittener Speck zum Auskleiden der Form
- 8 Lorbeerblätter
- Salz und Pfeffer

Muschelsuppe

Als ich in einem kleinen Restaurant an der französischen Mittelmeerküste diese Muschelsuppe vor mir hatte, war ich mal wieder im siebten Bistrot-Himmel. Genau so muss eine bodenständige, aber nicht grobschlächtige Regionalküche sein: Keine teuren Zutaten, diese aber mit kulinarischem Esprit zusammengeführt und mit Hingabe gekocht; sehr subtil gewürzt (das kostet null und nichts, nur der Koch muss schmecken können); keine Portionen, vor denen man kapituliert, aber auch kein Bonsai-Minimalismus mit zwei Soßentröpfchen auf dem Teller. Kurzum: Wohlfühlküche, die Gaumen, Hirn, Herz und Magen ohne Umwege erreicht und von keinem Kellner wortreich erklärt werden muss.

Mitentscheidend ist die Brühe als Grundlage. Alle Gemüse und Kräuter (Karotte, Lauchzwiebel, Staudensellerie, Fenchel, Schalotte, Knoblauch, Kartoffel, Petersilie, Dill) putzen, in grobe Stücke schneiden, in einen Topf geben und dort mit reichlich Butter anschwitzen. Anschwitzen heißt: Bei milder Hitze etwa zehn Minuten dünsten, ohne dass die Gemüse Farbe annehmen. Nebenbei rösten wir in einer Pfanne die Anissamen.

Ein Liter Wasser, ein Viertele trockener Weißwein, ein Schnapsglas Pernod (oder ein anderer Anisschnaps) sowie die Anissamen in den Topf geben. Alles eine halbe Stunde kochen. Durch ein feines Sieb abschütten und die Gemüse gut ausdrücken, dazu ist eine Suppenkelle gut geeignet.

In diesem Gemüsefond die Miesmuscheln kochen. Am besten schmecken die kleinen Moules de Bouchot aus der Bretagne. Die Muscheln ins Spülbecken schütten, kalt abbrausen, wenn nötig putzen, Exemplare, die sich nicht schließen, wegwerfen, alle anderen in den kochenden Gemüsefond geben. Sobald der Gemüsefond wieder aufkocht, dauert es noch zwei Minuten, dann die Muscheln mit einer Siebkelle aus dem Topf heben. Muscheln, die sich nicht geöffnet haben, wegwerfen. Bei allen anderen wird das Muschelfleisch aus der Schale gelöst und beiseite gestellt.

Der Gemüsefond, der nun um das aromatische Muschelwasser angereichert ist, mit Salz, Pfeffer und einem Hauch Kurkuma würzen und mit einem weiteren Schuss Pernod abschmecken. Wer mag, gibt noch zehn Fäden Safran hinein. Die in ganz kleine Würfel geschnittene zweite Kartoffel dazugeben, kochen, bis die Kartoffelstückchen weich sind, mit etwas Sahne abbinden und einen Esslöffel kalte Butter mit dem Schneebesen in die Suppe rühren. Die ausgelösten Muscheln hineingeben und abschließend erhitzen.

In vorgewärmte Teller schöpfen, einen Klacks Schmand oder Crème fraîche dazugeben, mit Dill dekorieren und mit Baguette servieren.

Zutaten für sechs Personen

500 g gemischtes Gemüse und Kräuter (Karotte, Lauchzwiebel, Staudensellerie, Fenchelknolle, Schalotte, Knoblauchzehe, mehlige Kartoffel, Petersilie, Dill)
Butter zum Anschwitzen
1 gestrichener TL Anissamen
1 l Wasser
¼ trockener Weißwein
1 Schnapsglas Pernod
10 Safranfäden
2 Messerspitzen Kurkuma-Pulver
Salz und Pfeffer
½ Becher Sahne
1 Esslöffel Butter
1 mehlige Kartoffel

1 kg Miesmuscheln
1 Becher Schmand oder Crème fraîche
Dill

Baguette

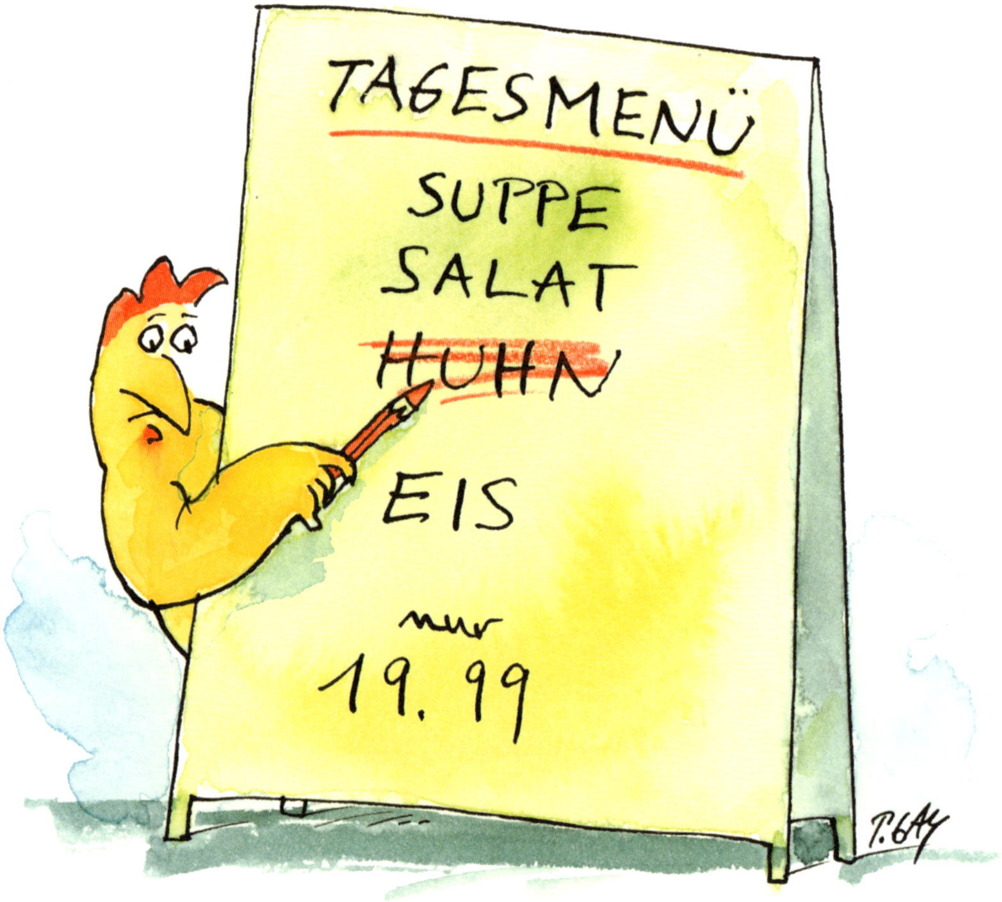
TAGESMENÜ
SUPPE
SALAT
HUHN
EIS
nur
19.99
P. GAY

Vegetarisch

Vegetarisches

Gebratenes Gemüse

Die Platte mit gebratenem oder gegrilltem Gemüse »wie beim Italiener nebenan« gehört fast zur Standardausstattung von kalten und warmen Buffets. Ebenso beliebt ist sie als Mitbringsel bei einer Einladung zum gemeinsamen Grillen. Nun ist gegen gegrilltes Gemüse im Prinzip ja nichts einzuwenden. Leider jedoch trieft das alles häufig nur so vor Fett. Und schlapp sind die Gemüsestücke zu allem Überfluss auch nicht selten.

Der Kardinalfehler bei der Zubereitung besteht darin, dass die Gemüsestücke in Fett gebraten werden. Vor allem die am meisten verwendeten Gemüsesorten, Auberginen und Zucchini, saugen sich beim Braten mit Fett voll wie ein Schwamm. Kaum hat man Öl in die Pfanne gegossen, ist es auch schon wieder weg.

Was also tun? Zunächst die Gemüse in halbe Zentimeter große Scheiben schneiden, leicht mit grobem Salz bestreuen und ohne jede Beigabe von Fett entweder direkt auf dem Grill, oder in der Küche in einer nicht beschichteten eisernen Grillpfanne zubereiten. Dabei muss die Hitze sehr, sehr kräftig sein, denn die Gemüsescheiben sollen dunkelbraune bis schwarze Grillstreifen bekommen. Das dauert auf jeder Seite etwa drei Minuten, dann hat das Gemüse die beliebten Röstaromen, ist aber noch knackig und nicht matschig und schlapp.

Eine ganz besonderes Bohei wird immer wieder um das Braten von Auberginen gemacht. Da wird in Kochbüchern empfohlen, die Scheiben einzusalzen und dann liegen zu lassen, bis sie Wasser gezogen haben, sie danach abzuwaschen, trocken zu tupfen und was es sonst noch alles an Empfehlungen gibt. Alles Unsinn. Dieses ganze Procedere ist überflüssig wie ein Kropf und – wenn überhaupt – längst vergangenen Zeiten geschuldet, als die Gemüse noch erhebliche Bitterstoffe hatten und diese mit solchen Maßnahmen abgemildert werden sollten. Das hat sich seit vielen Jahren erledigt, da unsere Gemüsezüchter diesen Bitterstoffen schon längst den Garaus gemacht haben. Was übrigens schade und auch übertrieben ist, denn eine leichte Bitternote schmeckt bei vielen Gemüsen – zum Beispiel beim Spargel – ausgesprochen apart. Also auch bei Auberginen: In Scheiben schneiden und ohne Fett nur leicht gesalzen auf den Grill legen.

Zutaten für vier Personen

1,5 kg Gemüse, das sich zum Grillen besonders eignet wie Zucchini, Auberginen, Paprika, große Steinchampignons
Einige Cocktailtomaten
½ Bund Basilikum
½ Bund glatte Petersilie
grobes Meersalz
2 EL Olivenöl
2 EL Balsamicoessig

Dipp
1 großer Becher Joghurt
1 Knoblauchzehe
1 gestrichener TL Zimtpulver
½ TL Chili-Flocken

Ein bisschen Öl wird ganz zum Schluss durch die Vinaigrette hinzugefügt. Hierzu Olivenöl und Balsamicoessig vermischen und über die fertig gebratenen Gemüsescheiben verteilen. Alles schön auf einer Platte mit Cocktailtomaten anrichten, pfeffern, noch etwas grobes Meersalz darübergeben und mit Basilikum und gehackter glatter Petersilie bestreuen.

Ein Dipp passt immer dazu. Eine auf den ersten Blick ungewöhnliche, aber raffinierte Mischung: Joghurt mit einer durchgedrückten Knoblauchzehe, Zimtpulver und Chili-Flocken vermischen.

Gefüllte Bärlauch-Pfannkuchen

Als mich ein Freund mit einer Tüte frischer Bärlauchblätter überraschte, war für mich zunächst das Wichtigste, dass er mir Hand aufs Herz versicherte, die Blätter an einer Stelle gepflückt zu haben, die weit, weit ab von irgendwelchen Wander-, Jogging- und Mountainbike-Pisten liegt und deshalb mit allergrößter Wahrscheinlichkeit auch außerhalb der Reichweite von Hunden.

Für den Pfannkuchen 150 Gramm Mehl, zwei Eier, einen Viertelliter Milch, Salz und eine Prise Zucker in einer Schüssel mit dem Schneebesen zu einem dünnen, glatten Teig verrühren. Den Teig zehn Minuten ruhen lassen und dann nochmals durchrühren. Wer mag, ersetzt zehn Prozent der Milch durch Mineralwasser, dann wird der Teig luftiger.

25 bis 30 Bärlauchblätter in feine Streifen schneiden und in den Teig rühren. Die angegebene Teigmenge reicht für ca. acht Pfannkuchen. In einer Pfanne Butterschmalz erhitzen. Mit einer Schöpfkelle schwungvoll den Teig in die Pfanne geben

und mit einem Pfannenschaber so dünn und so gleichmäßig wie möglich verteilen.

Nach etwa fünf Minuten den Pfannkuchen wenden. Er sollte auf beiden Seiten eine schöne goldbraune Farbe bekommen. Die fertigen Pfannkuchen auf einem Teller stapeln, mit Alufolie abdecken und im Backofen bei 80 Grad warm halten.

Der kräftige Geschmack dieser Pfannkuchen prädestiniert sie geradezu, herzhaft gefüllt und mit Salat serviert zu werden. Unter etlichen Varianten fand ich jene mit Räucherlachs die schmackhafteste.

Crème fraîche mit Meerrettich vermischen – der frisch geraspelte schmeckt am kräftigsten. Nimmt man Meerrettich aus dem Glas, dann den puren. Sahnemeerrettich bringt, wenn er noch mit der Creme fraîche vermengt wird, zu wenig Pep mit. Die Scheiben vom Räucherlachs in Streifen schneiden. Kresse waschen und trockenschütteln.

Und nun geht es ans Füllen und Wickeln. Die Pfannkuchen aus dem Backofen nehmen und einzeln auf ein Brett legen. Mit einer dünnen Schicht von der Crème-fraîche-Meerrettich-Mischung bestreichen, etwas salzen und pfeffern, ein paar Lachsstreifen gleichmäßig darauf verteilen, ein bisschen Kresse drüberstreuen, die Pfannkuchen locker einrollen und sofort mit Salat servieren.

Vor einem Anfängerfehler möchte ich ausdrücklich warnen: Ich hatte zwei Pfannkuchen übrig und habe diese über Nacht in den Kühlschrank gestellt. Als ich am nächsten Morgen die Kühlschranktüre öffnete, wäre ich fast in Ohnmacht gefallen. Auch wenn der Atem vom Bärlauch weitgehend verschont bleibt: diese Ausdünstungen sind brutal. Also: entweder alles aufessen oder den Rest in eine hundertprozentig luftdichte Dose packen.

Zutaten für acht Pfannkuchen

Teig
150 g Mehl
2 Eier
¼ l Milch
Salz
1 Prise Zucker
25–30 frische Bärlauchblätter
Butterschmalz zum Braten

Füllung
250 g Crème fraîche
3 gehäufte EL Meerrettich aus dem Glas oder
2 gehäufte EL frisch geriebener Meerrettich
150 g Kresse
4 Scheiben geräucherter Lachs
Salz und Pfeffer

Arme Ritter mit Pilzen

Arme Ritter kennen die meisten als süße Nachspeise. Sie sind eine prima Möglichkeit, nicht mehr ganz taufrisches, helles Brot zu verwerten und zusammen mit Kompott zu einer mehr als ordentlichen Süßspeise zu komponieren. Man kann Arme Ritter allerdings auch salzig und herzhaft gewürzt zubereiten. Und dann hat man eine Art Knödelersatz auf dem Teller. Denn alles, was einen Knödel so lecker macht, also das Zusammenwirken von hellem, eingeweichtem Brot, Eiern, Milch, Salz, Pfeffer und Muskat wird auch bei dieser Arme-Ritter-Variante verarbeitet. Der entscheidende Unterschied zum Knödel: Es ist nur halb so viel Arbeitsaufwand, und die latent vorhandene Gefahr, dass sich der Knödel beim Garen im Wasser auflöst, entfällt. Und das Genusspotential ist, wenn überhaupt, nur geringfügig reduziert.

Wir brauchen Brötchen, Toastbrot oder Kastenweißbrot vom Vortag. Man schneidet es in nicht zu grobe, etwa fingerdicke Scheiben. Für eine Vorspeise genügt eine halbe bis allenfalls eine ganze Scheibe Kastenbrot.

Eier zusammen mit einem Schuss Milch verquirlen und kräftig mit Salz, Pfeffer und geriebener Muskatnuss würzen. Da hinein die Brotscheiben so lange eintauchen, dass sie sich vollsaugen können. Die Scheiben in eine Pfanne mit heißer Butter geben und beidseitig ein paar Minuten goldbraun ausbacken. Da man kaum mehr als ein bis zwei Scheiben auf einmal in einer Pfanne unterbringt, hält man sie im Backofen bei 90 Grad warm.

Zu den Pilzen: Es passen alle, auch Zuchtpilze, aber selbstverständlich sind Steinpilze, Maronen und Pfifferlinge die Favoriten. Pilze putzen und grob würfeln. Schalotten sehr fein schneiden. Wer mag, kann etwas Knoblauch und Speck dazugeben. Die Petersilienblätter von den Stängeln zupfen und grob hacken. Zunächst die Schalotten (nebst Knofel und Speck) in Butter bei mittlerer Hitze goldgelb braten. Die fertigen Schalotten aus der Pfanne nehmen, beiseitestellen, die Pfanne mit Küchenpapier putzen, denn für das folgende scharfe Anbraten der Pilze dürfen keine Zwiebelreste mehr in der Pfanne sein, sie würden verbrennen und bitter schmecken. Nun kommt Öl in die Pfanne, stark erhitzen, die Pilze dazugeben und kräftig anbraten. Hitze zurücknehmen, ein Stück Butter (so viel, wie auf einen Esslöffel passt) für den guten Geschmack, die gedünsteten Schalotten und die Petersilie dazugeben, etwas Sahne angießen und alles zwei bis drei Minuten sanft schmurgeln lassen, gegebenenfalls noch salzen oder pfeffern.

Auf jeden Teller kommt jetzt eine Arme-Ritter-Scheibe, das Pilzragout darauf häufeln und mit einem Spritzer Zitrone beträufeln.

VEGETARISCH

Zutaten für vier Personen

4–8 Scheiben Kastenweißbrot (Brot aus 80 Prozent Weizen
und 20 Prozent Roggen schmeckt etwas kräftiger)
3 Eier
1 Schuss Milch
Salz und Pfeffer
Muskatnuss
Butter zum Braten

600 g gemischte Pilze
3 Schalotten (wer mag: etwas Knoblauch und Speck)
1 Bund glatte Petersilie
1 EL Butter
⅓ Becher Sahne
Salz und Pfeffer
Zitrone
Öl zum Braten

NAZIS KEINE CHANCE
STOPPT DEN KLIMA-WANDEL
Bei uns gibt's heute WINTERWURZEL GEMÜSE RAGOUT! (vegetarisch)
12
T. GAY

Ist das auch wirklich Bio? Das ist uns nämlich total wichtig!!

Pastinaken-Bolognese

Dieser Bolognese mangelt es an nichts. Geschmack, Konsistenz – alles ist bestens. Nur das übliche Hackfleisch fehlt und wird mit Pastinaken ersetzt. Pastinaken sehen aus wie Petersilienwurzeln, schmecken aber ganz anders. Diese etwas in Vergessenheit geratene Winterwurzel harmoniert derart perfekt mit den Tomaten, dass mir diese spezielle Gemüse-Bolognese mittlerweile besser schmeckt als die »klassische«. Das liegt vermutlich daran, dass Pastinaken – vor allem, wenn sie Frost abbekommen haben – eine deutliche Süße entwickeln, mit der die Säure der Tomaten ausgeglichen und so der Geschmack wunderbar abgerundet wird. Dass diese Wurzel zudem ein kräftiges, ganz eigenes Aroma hat, kommt als weiterer Vorteil hinzu.

Beim Einkauf nehme ich lieber die kleineren Exemplare. Sie haben durch und durch eine festere Konsistenz als die großen, die innen schon weich und pelzig sein können. Pastinaken werden wie Karotten vorbereitet: Mit dem Gemüseschäler schälen, den Strunk oben abschneiden, sehr fein würfeln. Je kleiner die Würfel, desto feiner wird die Soße. Größer als das Viertel eines Würfelzuckers sollten die Stückchen auf keinen Fall sein.

In einem Topf Butter schmelzen, darin die Gemüsewürfel bei kräftiger Hitze goldbraun anrösten. Dies Anrösten befördert die Süße der Pastinaken zusätzlich, es wirkt fast, als seien sie karamellisiert. Schalotten und Ingwer klitzeklein schneiden, in den Topf dazugegeben und bei etwas reduzierter Hitze noch etwa fünf Minuten mitdünsten. Die Pastinakenwürfel müssten nach dieser Prozedur bereits weich oder zumindest al dente sein. Falls nicht, lässt man alles zusammen noch ein paar Minuten weiterschmoren.

Tomaten aus der Dose in den Topf dazugeben. Alles zusammen verrühren und noch ein paar Minuten köcheln lassen. Mehr als das finale Abschmecken ist nun nicht mehr nötig: Salz, Pfeffer, eine Prise Schärfe in Form von etwas Chili, und fertig ist die Soße. Den bei der Bolognese üblichen Schuss Rotwein brauche ich hier nicht. Wenn die Spaghetti gekocht und abgeschüttet sind (das Kochwasser auffangen!), gieße ich sie aus dem Sieb in den Kochtopf zurück und gebe ein bis zwei Kellen von der Gemüse-Bolognese sowie eine halbe Kelle vom Kochwasser dazu. Gut verrühren. Auf diese Weise verhindere ich nicht nur das Zusammenkleben der Spaghetti, zusätzlich saugen sie schon vom Bolognese-Sugo etwas auf, was dem Geschmack zugutekommt.

Der Rest der Veranstaltung geht wie gehabt: Spaghetti in tiefe, vorgewärmte Teller geben, einen Schöpfer Pastinaken-Bolognese oben drauf, mit frisch geriebenem Parmesan und fein gehackter Petersilie bestreuen und mit einem Schuss Olivenöl toppen.

Zutaten für vier Personen

Soße
700 g Pastinaken
2 Schalotten
1 kleines Stück (etwa daumengroß) Ingwer
1 Dose (800 g) geschälte und gewürfelte Tomaten
Salz und Pfeffer
Chili

400 g Spaghetti
100 g Parmesan
Petersilie
Olivenöl

Polenta mit Wintergemüse

Schnell gekocht, preiswert, ohne Fleisch, kein Kalorienhammer, aber trotzdem ein wohlig-sattes Gefühl im Magen verbreitend – eine cremige Polenta mit gebratenem Wintergemüse erfüllt diese Voraussetzungen perfekt.

Das Gemüse im Backofen garen, so wird es schmackhafter, da nichts vom Aroma im Kochwasser verschwindet. Zudem trocknet es im Backofen ganz leicht an, was den Geschmack konzentriert. Bestens geeignet sind alle winterlichen Wurzelgemüse wie Karotten (die bunten sehen später auf dem Teller besonders schön aus), Petersilienwurzeln und Pastinaken.

Alles putzen und je nach Größe der Länge nach halbieren oder vierteln. Zudem nehme ich Rosenkohl. Diesen ebenfalls putzen und halbieren oder vierteln. Dann kommen noch Rote Beete mit dazu. Die Knollen sollten möglichst klein sein: Nicht schälen, sondern unter fliehendem Wasser mit einer Gemüsebürste schrubben, Blätteransatz und die Wurzel abschneiden, Knollen vierteln oder achteln.

Gemüsestücke in einer Reine oder auf dem Backblech verteilen, leicht mit Öl beträufeln und etwas grobes Salz darüberstreuen. Die Roten Beete lege ich entweder in eine extra Reine oder vom restlichen Gemüse etwas abgetrennt in eine Ecke des Backblechs. Warum? Sie haben eine deutlich längere Garzeit als die anderen Gemüse, zudem verfärben sie die anderen Gemüsestücke, wenn sie mit diesen in Berührung kommen. Den Backofen auf 200 Grad vorheizen (Ober- und Unterhitze), das Blech auf die mittlere Einschubleiste schieben. Die Roten Beete brauchen etwa 45 Minuten, die anderen Gemüse etwa 30 Minuten. Mit einem Holzzahnstocher gelegentlich mal den Garzustand prüfen. Geht er locker durch, ist es gar.

Zutaten für vier Personen

Gemüse
1,5 kg buntes Wintergemüse (Karotten, Petersilienwurzeln, Pastinaken, Rote Beete, Rosenkohl)
1 Zwiebel
1 Knoblauchzehe
1–2 EL Balsamicoessig
grobes Salz
Olivenöl
Polenta
300 g Maisgrieß
Wasser oder Gemüsebrüh
ein paar Stängel Thymian und Rosmarin
etwas Milch und Sahne oder Hafermilch
2 gehäufte EL geriebener Parmesan

Topping Petersilienpesto
½ Bund glatte Petersilie
etwas grobes Salz
Olivenöl
50 g Hasel- oder Walnüsse

In einer Pfanne die in feine Streifen geschnittene Zwiebel und eine klein gehackte Knoblauchzehe andünsten, zusammen mit ein, zwei Esslöffeln Balsamicoessig unter die fertig gegarten Gemüse mischen.

Während das Gemüse im Ofen gart, wird die Polenta zubereitet. Den Maisgrieß mit Wasser oder Gemüsebrühe anrühren und salzen, wie es auf der Packung steht. Belässt man es dabei, schmeckt der Brei etwas eindimensional. Also wird er noch aufgemöbelt: Wir rühren ein paar klein gehackte Kräuter unter, wobei sich Thymian und Rosmarin besonders gut eignen. Damit die Polenta cremiger und geschmeidiger wird, rührt man etwas Milch und einen Schuss Sahne mit dem Schneebesen unter. Sehr gut schmeckt auch Hafermilch – dann ist das Essen sogar vegan. Wer noch mehr Pep an der Polenta braucht, kann geriebenen Parmesan unterrühren.

Topping: Grob gehackte Nüsse – Haselnüsse, Walnüsse, was gerade zur Hand ist, und Petersilienpesto. Für das Pesto Blätter von einem halben Bund glatter Petersilie grob schneiden und in einem Mörser mit etwas grobem Salz und einem guten Schuss Olivenöl zermahlen.

Angerichtet wird in tiefen, möglichst vorgewärmten Tellern. Zunächst eine Lage Polenta im Teller verteilen und darauf die Gemüsestücke kunterbunt schichten. Einen Löffel Petersilienpesto und die gehackten Nüssen obendrauf geben. Ein finaler Faden vom frischen Olivenöl nebst Pfeffer aus der Mühle rundet alles wunderbar ab.

Bunter Mangold mit Kartoffelpüree und pochiertem Ei

Bunter Mangold bringt Farbe auf den Teller. Er schmeckt zwar genauso wie der am weitesten verbreitete mit den grünen Blättern und weißem Stiel. Aber weil das Auge bekanntlich mitisst, sind die Sorten mit bunten Stielen und Blattrippen meine Favoriten. Früher war Mangold ein gängiges Gemüse, dann wurde er vom Spinat verdrängt, heute feiert er wieder eine Renaissance.

Die Zubereitung ist denkbar einfach. Die unteren Zentimeter von der Staude abschneiden, so zerfällt sie in ihre einzelnen Blätter. Gut abbrausen, denn unten an den Stielen hängt oft noch Erde, alles in ein bis zwei Zentimeter lange Streifen und Stücke schneiden. In einer Pfanne Öl sehr heiß erhitzen, dahinein den tropfnassen Mangold und etwas Salz geben, unter gelegentlichem Umrühren vier bis fünf Minuten kräftig braten. Die grünen Blätter fallen wie Spinat zusammen, die Stiele behalten zum Glück weitgehend ihre Farbe. Die Blätter sind nun weich, die Stiele haben noch Biss. Wer alles weich haben möchte, gart die Stilstücke drei Minuten vor und gibt dann die Blätter dazu.

Mangold schmeckt sehr kräftig und etwas erdig. Er kann deshalb zum Schluss als Würze noch abgeriebene Zitronenschale und einen Schuss fruchtiges Olivenöl zur Auffrischung gut vertragen.

Einen kompletten vegetarischen Teller bekommen wir mit ein paar zusätzlichen Dingen, die alle wunderbar zum Mangold passen und ihn toll ergänzen.
An erster Stelle steht ein schön buttriges Kartoffelpüree. Ein paar knackig gekochte und in Öl gebratene Spargelstücke passen ebenfalls sehr gut dazu. Die Krönung aber ist ein pochiertes Ei. Wenn man es ansticht, dann fließt das noch weiche Eigelb über die Gemüse und verbindet alles geschmacklich aufs Schönste.

Eier pochieren ist kein Hexenwerk. Die Eier einzeln getrennt in Tassen aufschlagen, das Dotter darf dabei nicht kaputtgehen. Diese Vorbereitung erleichtert es erheblich, die Eier nachher schnell nacheinander ins kochende Wasser zu bugsieren. In einem großen Topf Wasser zum Kochen bringen und mit einem Schuss Weißweinessig versehen. Nun gießt man zügig die Eier schnell nacheinander ins kochende Wasser. Die Hitze etwas reduzieren, so dass es nur leicht blubbert.
Je nach Größe der Eier werden sie nach zwei bis drei Minuten mit einer Siebkelle vorsichtig aus dem Wasser gehoben und auf einen mit Küchenpapier belegten Teller gelegt, damit restliches Wasser aufgesaugt wird.

Die Eier sollten nicht nur wegen des Geschmacks sehr frisch sein. Auch das Eiweiß ist bei frischen Eiern fester und hängt besser am Dotter als bei etwas älteren Exemplaren. Deshalb zerfleddern frische Eier nicht so stark, wenn man sie ins Wasser gibt.

Anrichten: Ein Klacks Kartoffelbrei, darüber der Mangold und die Spargel, on Top das pochierte Ei, salzen, pfeffern und mit etwas flüssiger Butter überziehen.

– Bunter Mangold –

Zutaten für vier Personen

1 kg bunter Mangold
Öl zum Braten
Salz und Pfeffer
1 gehäufter TL Zitronenschalen-Abrieb

Kartoffeln
Milch
Butter
Salz und Pfeffer
Muskat

500 g Spargel
4 sehr frische Eier
100 g zerlassene Butter

Gefüllte Kartoffelküchle

Diese Kartoffelküchle bieten Dank ihrer Füllung ein bisschen mehr an Raffinesse und Abwechslung als die Standard-Variante, bei der lediglich Kartoffelbrei zu kleinen flachen Küchle geformt wird und diese dann in der Pfanne gebraten werden.

Kartoffeln – eine halbfeste Sorte eignet sich am besten – schälen (große Exemplare halbieren oder vierteln, dann geht das Kochen schneller) und in reichlich Wasser weichkochen. Wasser abschütten und die Kartoffeln fünf Minuten im heißen Topf ohne Deckel ausdampfen lassen, dabei den Topf von der Herdplatte nehmen, sonst brennen die Kartoffeln an, die Restwärme im Topf genügt. Dieses Ausdampfen ist wichtig, da sonst der Kartoffelbrei zu wässrig wird und die Küchle womöglich nicht richtig halten und auseinander fallen.

Kartoffeln durch eine Presse drücken und mit Salz, Pfeffer und geriebene Muskatnuss würzen. Fein gehackte Petersilie macht sich in der Kartoffelmasse ebenfalls gut. Einen gehäuften Esslöffel Mehl über die Masse streuen und ein Ei dazugeben.

Damit es besonders würzig wird, kommt noch geriebener Parmesan hinzu. Alles mit den Fingern oder dem Rührhaken der Küchenmaschine sehr gut durchmengen, bis eine schöne gleichmäßige Masse entsteht.

Bei der Füllung kann man seinen Vorlieben freien Lauf lassen. Eine Mischung aus den verschiedensten Kräutern, fein gehackt und im Mörser mit einem kleinen Schuss Olivenöl zerstoßen, macht sich immer gut. Geröstete Nüsse, fein gehackt, sind eine gute Ergänzung. Knoblauch und Zwiebeln, dünn geschnitten und angedünstet, machen die Sache deftiger.

Zubereiten der Küchle: Man nimmt jeweils so viel von der Kartoffelmasse, dass im Ergebnis ein Kartoffelküchle herauskommt von der Größe eines klassischen badischen Fleischküchles, also etwa zwei gehäufte Esslöffel. Die Masse zwischen den Handflächen rollen, leicht drücken und formen. Dann wird es in die Handfläche der einen Hand gelegt, der Daumen der anderen Hand drückt eine Kuhle hinein, in die hinein ein Teelöffel von der Füllung gegeben wird. Die Ränder zusammendrücken und nochmal zwischen den – am besten leicht befeuchteten – Handflächen beider Hände rollen und ganz leicht flachdrücken. In der Pfanne in heißer Butter auf beiden Seiten jeweils rund fünf Minuten goldbraun braten.

Als Beilage passen Feldsalat, in kleine Würfel geschnittene Rote Beete, die man ein paar Minuten in Zitronensaft mariniert und dann salzt und pfeffert, und Granatapfelkerne.

Zutaten für vier Personen

Küchle
800 g halbfest kochende Kartoffeln
1 gehäufter EL Mehl
1 Ei
200 g geriebener Parmesan
Salz und Pfeffer
Muskatnuss
einige Stängel glatte Petersilie

Füllung
1 Handvoll frischer Kräuter
(z. B. Majoran, Koriander, Estragon)
etwas Olivenöl
100 g geröstete Hasel- oder Walnüsse
Knoblauch
Zwiebeln
Butter zum Braten

Beilage
Feldsalat
in Zitronensaft marinierte Rote-Beete-Würfel
Granatapfelkerne

Zucchini-Spaghetti

Gegenüber monofunktionalen Küchengeräten habe ich eine kritische, ja eher ablehnende Haltung. Wie ihr Name schon sagt, taugen sie nur für eine einzige Verrichtung beim Kochen, und diese kann man in der Regel mit der Küchengrundausstattung wie Messer und Schneidbrett auch ganz gut erledigen. Den Rest der Zeit stehen diese Gerätschaften ungenutzt herum und nehmen Platz weg. Ganz abgesehen davon, dass der in der Werbung herausgestellte Effekt angeblicher Arbeits- und Zeitersparnis sich im Praxistest oft als das herausstellt, was er ist: Werbung. Es gibt wenige sinnvolle Ausnahmen, wie etwa das zangenartige Instrument, mit dem man Kirschen entsteint.

Nun bin ich – einem freundschaftlichen Gastgeschenk anlässlich eines Abendessens sei Dank – seit einiger Zeit Besitzer eines Gerätes, das einem überdimensionalen Bleistiftspitzer ähnelt, und mit dem man längliches Gemüse (vor allem Karotten und Zucchini eignen sich) in endlos lange, feine und gleichmäßige Streifen schneiden kann. Spiralschneider heißt das Gerät im Fachjargon. Und ich muss zugeben: Dieses Ding taugt was! Derart perfekt dünne Gemüsestreifen, wie man sie damit buchstäblich im Handumdrehen und in Mengen produzieren kann, schafft mit dieser Präzision und Schnelligkeit selbst ein Küchenprofi mit einem japanischen Supermesser noch nicht mal ansatzweise.

Gemüse-Spaghetti nennt man das Ergebnis – »Julienne« auf Französisch. Und diese sind – beileibe nicht nur für jene, die abends low carb essen möchten – eine echte Entdeckung.

Die Zucchini dürfen nicht allzu riesig sein, sonst passen sie nicht in den Schnitzer, also nicht viel größer als eine dicke Karotte. Und fest sollten sie auch sein. Zucchini durch das Gerät drehen und die Gemüsestreifen dann wie folgt weiterverarbeiten: Die Streifen in eine Schüssel geben und mit einem gestrichenen Teelöffel Salz vermengen. So lässt man sie zehn Minuten durchziehen, dadurch werden sie etwas weicher und geschmeidiger.

Tomaten grob würfeln, die Knoblauchzehe fein hacken, beides mit etwas Öl in eine Pfanne geben. Ein paar Minuten sanft schmoren lassen, bis die Tomaten weich sind, einen Schuss Wasser dazugeben. Zucchini-Streifen dazugeben und alles ein paar Minuten in der Pfanne schmurgeln lassen. Salzen, pfeffern, mit Balsamicoessig würzen.

Vorweg habe ich schon mal ein Pesto angerührt. Statt Pinienkernen kann man auch ein Päckchen Salat-Kerne-Mix nehmen. Das kostet einen Bruchteil im Vergleich zu den Pinienkernen und schmeckt auch super. Kerne kurz anrösten und mit reichlich Basilikum, Olivenöl, Salz und Pfeffer in einem Mörser fein zerstampfen. Wem das zu viel Arbeit ist, kann diese Zutaten auch kurz durch einen Blitzhacker jagen.

Zucchini-Spaghetti auf die Teller geben, Pesto und grober Pfeffer drauf und mit geriebenem Parmesan bestreuen.

Zutaten für vier Personen

6–8 dicke, feste Zucchini (ca. 500 g)
4 Tomaten
1 Knoblauchzehe
Salz und Pfeffer
Olivenöl
Balsamicoessig

Pesto
100 g Salat-Kerne-Mix
1 Handvoll Basilikumblätter
Salz und Pfeffer
Olivenöl

100 g geriebener Parmesan

Rosenkohl-Kartoffel-Gratin

Ich weiß, die Zahl der Rosenkohl-Fans hält sich in überschaubaren Grenzen. Mit einer dampfenden Schüssel voll Rosenkohl löst man eher Stirnrunzeln als freudige Begeisterung aus. Und es stimmt ja auch: Vor allem olfaktorisch siegt diese Schüssel bei Tisch haushoch über die Platte mit dem feinen Braten. Trotzdem, dieses vitaminreiche Wintergemüse ist für die Abseitsposition viel zu schade. Man muss es nur geschickt kombinieren – und schon schmeckt es ausgezeichnet. Zum Beispiel in einem raffinierten, aber ganz einfach zuzubereitenden Gratin.

Die einzelnen Röschen putzen: Je nach Frische und Aussehen die äußeren Blätter entfernen und vom Stil ein paar Millimeter abschneiden. Die Röschen vierteln und in Salzwasser ohne Deckel auf dem Topf rund fünf Minuten bissfest garen, in ein Sieb abschütten und mit kaltem Wasser abbrausen. So erhalten sie ihre schöne grüne Farbe. Gut abtropfen lassen.

Kartoffeln schälen, in grobe Würfel schneiden und ebenfalls in Salzwasser nicht zu weich kochen, abschütten und gut ausdampfen lassen. Die Hüte der Pilze klein würfeln und in einer Pfanne in Öl kurz scharf angebraten. Dann die Hitze zurücknehmen, die feingehackten Schalotten und die ebenfalls feingehackte Petersilie dazugegeben, und so alles zusammen noch drei, vier Minuten in der Pfanne weiter schmoren.

Eine feuerfeste Gratinform mittlerer Größe innen gut ausbuttern. Die Kartoffeln hineingeben und mit einer Gabel ganz grob zerdrücken. Rosenkohl und Pilze dazugeben, alles locker miteinander vermischen. Salz braucht es nicht mehr (die Gemüse wurden in Salzwasser gekocht, und zum Schluss kommt auch noch salzhaltiger Käse dazu), aber mit Pfeffer und vor allem mit Muskatnuss darf noch gut gewürzt werden.

Käse zerbröckeln, eher in kleine als zu grobe Stücke. Man kann jeden Käse, der sich für ein Gratin eignet, nehmen. Besonders fein finde ich hier jedoch einen Blauschimmelkäse wie Roquefort oder Stilton. Walnusskerne grob hacken. Eier mit der Milch gut verquirlen.

Nun Käse und Nüsse gleichmäßig auf der Rosenkohl-Kartoffel-Pilz-Mischung verteilen. Dann die Eiermilch darüber schütten, möglichst so, dass die gesamte Oberfläche dabei benetzt wird. Zum Schluss eine ganz dünne Schicht Semmelbrösel gleichmäßig drüberstreuen. Und ab geht die Fuhre in den auf 200 Grad vorgeheizten Backofen (Ober- und Unterhitze, mittlere Einschubleiste) für rund 20 Minuten. Gegebenenfalls zum Schluss noch für ein, zwei Minuten den Grill zuschalten.

Eine Schüssel mit Feldsalat dazu, und das Essen ist fertig.

Zutaten für vier Personen

500 g Rosenkohl
700 g halbfest oder mehlig kochende Kartoffeln
250 g Steinchampignons
3 Schalotten
½ halber Bund Petersilie
3 Eier
¼ l Milch
200 g Blauschimmelkäse (Roquefort oder Stilton)
2 gehäufte EL Semmelbrösel
Walnusskerne
Salz und Pfeffer
Muskatnuss
Butter für die Gratinform
Öl zum Braten der Pilze

VEGETARISCH

Auflauf mit Süßkartoffeln

Süßkartoffeln fristen in unseren Küchen noch immer ein Dasein am Rande. Das ist schade. Denn mit ihrem nussigen und süßlichen Geschmack, der irgendwo zwischen Kartoffeln, Maronen und Kürbis liegt, passen sie wunderbar zu herbstlichen Gerichten. Verarbeitet werden sie wie die herkömmlichen Kartoffeln, also gekocht, gebacken, frittiert (Süßkartoffel-Fritten sind ausgesprochen delikat), überbacken oder gebraten. Was man wissen sollte: Ihre Konsistenz entspricht eher einer mehligen als einer festkochenden Kartoffelsorte.

Süßkartoffeln schälen und in grobe Würfel oder Spalten schneiden. Von den Spinatblättern die Stängel abzwicken, die Blätter gründlich waschen. Wer beim Spinat zur Tiefkühlware greift, lässt ihn vorab auftauen. Die Schalotten schälen und in dünne Streifen schneiden. Ingwer schälen und fein hacken. Chilischote der Länge nach halbieren, Kerne herauskratzen, dann die beiden Schotenhälften in sehr feine Streifen schneiden.

In einer Pfanne die Butter solange erhitzen, bis sie aufschäumt. Darin Schalotten, Ingwer und Chilischote zwei bis drei Minuten andünsten. Dann den Spinat dazugeben. Frischen Spinat tropfnass in die Pfanne geben, dann kommt der Deckel drauf, und nach wenigen Minuten ist er zusammengefallen. Etwa fünf Minuten weiter dünsten. Tiefkühl-Spinat gibt man aufgetaut direkt in die Pfanne und lässt ihn fünf Minuten dünsten. Mit Salz, Pfeffer und gemahlener Muskatnuss kräftig abschmecken und alles gut vermischen und beiseitestellen.

Kartoffelwürfel in heißer Butter rund drei Minuten ringsum dünsten, salzen und pfeffern. Eine Auflaufform innen gut ausbuttern und alle Zutaten gleichmäßig hineinschichten.

Soweit die vegetarische Variante des Auflaufs. Man kann ihn aber sehr gut auch noch mit Fisch oder Fleisch anreichern. Beim Fisch eignet sich Seelachsfilet besser als Kabeljau, der schnell zerfällt. Den Fisch kalt abwaschen, gut mit Küchenpapier trocknen und mit ein paar Spritzern Zitronensaft beträufeln. Dann in grobe Würfel schneiden. Oder man nimmt Hähnchenbrust – gewürfelt oder in dicke Scheiben geschnitten. Das wir nun auch noch in der Auflaufform verteilt.

Sahne mit den Eiern verkleppern und würzen, und zwar mit Salz und einer guten Prise Currypulver (etwa ein gestrichener Teelöffel). Diese Mischung über den Auflauf gießen. Zum Schluss streuen wir noch locker den geriebenen Parmesan darüber. Nicht zu viel. Es soll keinen gratinierten Käsedeckel geben, der Parmesan hat eher die Funktion einer zusätzlichen Würze.

Auflaufform in den auf 200 Grad vorgeheizten Backofen (Ober- und Unterhitze, mittlere Einschubleiste). Nach einer knappen halben Stunde ist der Auflauf fertig gegart.

Zutaten für vier Personen

800 g Süßkartoffeln
600 g Tiefkühl-Spinat oder 1 kg frischer Spinat
3 Schalotten
1 daumengroßes Stück frische Ingwerwurzel
1 kleine Chilischote
Salz und Pfeffer
Muskatnuss
Butter zum Dünsten und zum Ausbuttern
der Auflaufform

400 ml Sahne
2 Eier
Salz
1 gestrichener TL Currypulver
50 g geriebener Parmesan

Bei Bedarf

300 g Seelachsfilet, etwas Zitronensaft
oder 2 Hähnchenbrustfilets

Couscous-Auflauf

Couscous hatte ich bislang nur als Beilage auf dem Schirm zu allen möglichen mediterranen Gerichten und als schmackhafte Alternative zu Reis und zu Pasta aller Art.

In einem vegetarisch aufgestellten Restaurant habe ich einen Couscous-Auflauf gegessen, der mich voll überzeugt hat. Klein portioniert mit Salat ist er eine schöne Vorspeise, verdoppelt man die Menge und legt ein Gemüsepotpourri dazu, hat man ein vollwertiges Hauptgericht auf dem Teller.

Couscous so zubereiten, wie es auf der Packung steht, also mit leicht gesalzenem heißem Wasser übergießen. Wenn er fertig ausgequollen hat, ist es wichtig, ihn mit einer Gabel gut aufzulockern und eventuelle Klümpchen auseinander zu drücken. Zwei, drei Esslöffel Olivenöl untermischen, so verklebt er nicht erneut und bleibt locker.

Karotten und Zwiebeln schälen und grob raspeln. Zucchini waschen und ebenfalls grob raspeln. Es sollten kleine, feste Exemplare sein. Und mit der Paprikaschote machen wir es genauso. Wer die Haut der Paprika nicht verträgt, kann sie mit einem scharfen Gemüseschäler abschälen. Das ist zwar etwas umständlich in Anbetracht der vielen Falten, die so eine Schote hat, aber es geht.

Das gesamte Gemüse unter den Couscous mischen. Sehr gut machen sich noch eine Handvoll Rosinen. Harte Exemplare sollte man vorher in Wasser einweichen. Der geriebene Parmesan kommt dazu, ferner die Eier, die man zuvor zerkleppert. Gewürzt wird mit Salz, Pfeffer und Paprikapulver. Ob man süßen oder scharfen Paprika nimmt, ist Geschmackssache. Alles gut vermengen.

Acht feuerfeste Förmchen (am besten jene weißen, außen geriffelten mit einem Durchmesser von etwa neun und einer Höhe von etwa fünf Zentimetern) mit Butter oder Öl ausfetten. Couscous-Mischung hineingeben, die Förmchen randvoll füllen und den Couscous leicht hineindrücken.

Im auf 200 Grad vorgeheizten Backofen (Ober- und Unterhitze, mittlere Einschubleiste) dauert die Garzeit rund 20 Minuten.

Die Förmchen aus dem Backofen nehmen, mit einem spitzen Messer am Innenrand entlangfahren und so den Couscous-Auflauf lösen und auf Teller stürzen.

Das Topping besteht aus Sauerrahm, der mit etwas Joghurt verrührt und mit Salz, Pfeffer, gemahlenem Chili und fein gehackten Korianderblättern angemacht wird.

Mit Salat oder Gemüse servieren.

Zutaten für vier Personen / acht Förmchen

200 g Couscous (Trockengewicht)
3 EL Olivenöl
je 200 g Möhren und Zucchini
100 g Zwiebeln
½ Paprikaschote
50 g geriebener Parmesan
2 EL Rosinen
3 Eier
1 gehäufter EL Paprikapulver
Salz und Pfeffer
Butter oder Öl zum Ausfetten der Förmchen

Topping

200 g Sauerrahm
2 EL Joghurt
Salz und Pfeffer
Chili
Korianderblätter

Ich glaub, ich hab heute Mittag die falschen Pilze gegessen.

CHATEAU GREIFFENEGG

MÜNSTERAUSLESE

Sauerkraut-Tarte

Wer sich ein schmackhaftes Sauerkrautgericht auch ohne Schäufele und Co. vorstellen kann, ist mit dieser Sauerkraut-Tarte sehr gut bedient. Wenn es schnell gehen soll, dann greifen wir in die Kühltheke zum vorgefertigten Tarte- oder Quiche-Teig von der Rolle (gesalzen, nicht gezuckert!) und widmen dafür dem Belag unsere ungeteilte Aufmerksamkeit.

Ob wir offenes, rohes Sauerkraut vom Markt kaufen oder aber Kraut aus der Dose nehmen, macht keinen großen Unterschied. Obwohl die Tarte eine Stunde im Ofen bäckt, gart das Kraut dort kaum noch nach. Wenn die Tarte also nicht nach Rohkost schmecken soll, müssen wir das Kraut zunächst rund 20 Minuten im Topf köcheln und zwar ganz konventionell mit einem Lorbeerblatt, einem Schuss Weißwein und ein paar angedrückten Wacholderbeeren.

Danach das Kraut in ein Sieb abschütten und etwas ausdrücken – mit dem Rücken einer Suppenkelle oder man greift beherzt mit der Hand hinein. Dann legen wir es auf ein Brett und schneiden es ein paar Mal kreuz und quer durch, das erleichtert das Belegen der Tarte und vereinfach später das Aufschneiden.

Die Schalotte in möglichst dünne Scheiben schneiden und unter das Kraut mischen. Äpfel schälen, das Kernhaus entfernen, grob raspeln und ebenfalls unter das Kraut mischen. Ein eher süßer Apfel passt, wie ich finde, besser, als eine allzu säurebetonte Sorte.

In einer Schüssel verquirlen wir Frischkäse, Milch, Eier und Sahne zu einer homogenen Masse. Den geriebenen Käse und den gehackten Dill dazugeben, salzen und pfeffern. Da hinein kommt nun das Kraut. Alles gut miteinander vermischen. Wer mag, gibt noch einen Teelöffel Kümmel dazu.

Eine Tarte-Form mit etwa 28 Zentimetern Durchmesser mit Butter fetten. Die Teigplatte in die Form legen, an den Rändern etwas andrücken und Teig, der über den Rand hinaus lappt, abschneiden. Nun die Sauerkrautmasse hineinfüllen und gleichmäßig verteilen.

Die Form kommt in den auf 200 Grad vorgeheizten Backofen, und zwar auf den Gitterrost, unterste Einschubschiene. So bekommt die Tarte von unten ausreichend Hitze, damit der Teigboden durchbäckt. Nach etwa einer Stunde, wenn sie oben leicht gebräunte Stellen zeigt, ist sie fertig. Herausnehmen, etwas ruhen lassen und lauwarm servieren.

So ist die Tarte schon mal ein rustikales, sehr leckeres Essen. Feldsalat ist die fast schon unerlässliche Beilage. Geradezu delikat wird es jedoch, wenn man die lauwarme Tarte noch mit dünn geschnittenen Scheiben vom geräucherten oder gebeizten Lachs belegt.

VEGETARISCH

Zutaten für vier Personen /
Tarte-Form Ø 28 cm

800 g Sauerkraut (Füllmenge, nicht das Abtropfgewicht) frisch oder aus der Dose
⅛ l trockener Weißwein
1 Lorbeerblatt
Wacholderbeeren zum Kochen

1 Schalotte
½ halber Bund Dill
1–2 süßliche Äpfel
100 g Frischkäse
50 g geriebener Parmesan
100 ml Milch
1 Becher Sahne
3 Eier
Salz und Pfeffer

Bei Bedarf
100 g dünn aufgeschnittener geräucherter oder gebeizter Lachs

Kartoffel-Steinpilz-Pizza

Eines gleich vorweg: Wer Steinpilze hat – wunderbar! Aber es geht auch recht gut mit nicht ganz so edlen Zutaten. Maronen, Pfifferlinge – toll. Selbst Zuchtpilze wie Steinchampignons oder Austernseitlinge sind nicht zu verachten.

Grundlage ist ein Mürbeteig, den es in guter Qualität abgepackt fertig zu kaufen gibt, und zwar etwa 300 Gramm schwer, schon dünn ausgewellt, aufgerollt, in der richtigen Backblechgröße von etwa 40 mal 25 Zentimetern, und auch gleich noch mit Backpapier versehen, so dass man den Teig ohne weitere Arbeit direkt aus der Packung auf dem Backblech ausbreiten kann, das man, dem Backpapier sei Dank, noch nicht einmal einfetten muss.

An den Rändern die Teigplatte einen halben Zentimeter einschlagen, dann haben wir auch schon einen kleinen Rand. Worauf man achten muss: Fertiger Mürbeteig wird salzig für Quiches, Wähen und ähnliches (den brauchen wir), aber auch süß für Kuchen (der passt hier nicht so gut) angeboten. Den auf dem Blech ausgebreiteten Teig mit einer Gabel ein paarmal in gleichmäßigen Abständen einstechen.

Kartoffeln schälen, in dünne Scheiben schneiden (am einfachsten geht das auf dem Gurkenhobel) und in Salzwasser drei Minuten vorgaren (die Kartoffelscheiben kalt aufsetzen, sobald das Wasser kocht, zählen die drei Minuten). In ein Sieb abschütten, gut abtropfen und ausdampfen lassen. Die Kartoffeln auf keinen Fall kalt abschrecken. Denn kalte Kartoffeln dampfen nicht mehr aus und bleiben nass.

Eine halbfeste Sorte eignet sich am besten, aber so genau kommt es bei diesem Rezept nicht darauf an. Man kann hier also ausnahmsweise mal dem Tipp jener Marktbeschicker folgen, die auf die Frage, ob die Kartoffeln hier am Stand denn eher für Salat oder für Kartoffelbrei geeignet sind, mit der allseits beliebten Antwort aufwarten: »Ha, die do könnet Se für älles nähme!« Wichtiger ist es, große Kartoffeln auszusuchen. Sonst werden die Scheiben zu klein und das Belegen gestaltet sich mühsam.

Sauerrahm mit Salz, Pfeffer, etwas Muskat und einer Prise Chili würzen und mit einer Gabel glattrühren. Den Teig damit gleichmäßig dünn bestreichen und die Kartoffelscheiben daraufflegen – nur eine Lage, aber dicht an dicht. Leicht salzen und pfeffern.

Steinpilze putzen und in dünne Scheiben schneiden. Mit ihnen die Kartoffelschicht bedecken. Ein bis zwei Esslöffel Olivenöl darüber träufeln.

Das Blech in den auf 200 Grad vorgeheizten Backofen (Ober- und Unterhitze, zweitunterste Einschubleiste, so bäckt der Teig von unten gut) schieben. Nach 35 bis 40 Minuten färbt sich der Rand der Pizza braun, dann ist sie fertig. Aus dem Ofen nehmen und mit klein gehackter Petersilie und etwas grobem Meersalz bestreuen. Mit Salat servieren.

VEGETARISCH

Zutaten für vier Personen

1 Rolle fertiger, salziger Mürbeteig (ca. 300 g)
500 g Kartoffeln
250 g Steinpilze
150 g Sauerrahm
1 Bund glatte Petersilie
Salz und Pfeffer
Muskat
Chili
Olivenöl

Zutaten für 4 bis 6 Personen

1 Sellerieknolle 1,5 kg Gewicht
grobes Salz
Olivenöl
Zitronensaft

500 g Rosenkohl
250 g Steinchampignons oder Kräuterseitlinge
1 Handvoll Cranberrys oder Trauben
Salz und Pfeffer

Topping
Petersilie
Haselnüsse
Olivenöl

Sellerieknolle am Stück

Dieses Gemüsegericht habe ich im Restaurant »Katz Orange« in Berlin gegessen. Ich war begeistert. Da kann das gute alte Sellerie-Schnitzel kaum mithalten.

Wir brauchen eine Sellerieknolle von gut einem Kilogramm Gewicht. Das reicht für vier bis sechs Personen. Und diese Knolle wird am Stück gegart. Viel vorzubereiten gibt es nicht. Die Knolle putzen, aber nicht schälen. Also lediglich Wurzeln und Blätter wegschneiden, dann am besten mit einer Gemüsebürste gut schrubben und waschen und dann mit Olivenöl und grobem Salz ringsum kräftig einreiben. So wird sie in eine Reine oder aufs Backblech gesetzt und im Backofen (mittlere Einschubleiste, keine Umluft) bei 190 Grad drei Stunden gegart.

In dieser Zeit muss man nichts machen. Die Knolle gart still und leise ihrer Vollendung entgegen. Nur eine Maßnahme hat sich als sinnvoll erwiesen: Ein Stück Alufolie unter die Knolle legen. Sollte nämlich etwas Flüssigkeit austreten, so wird diese schwarz und verbrennt. In diesem Fall kann man die Knolle kurz herausnehmen und die Alufolie wechseln. So erspart man sich brenzligen Geruch in der Küche.

Drei Stunden Garzeit ist ein Wort. Da werden manche an die Öko-Bilanz denken. Aber ein großer Rinderbraten ist auch nicht in 30 Minuten fertig. Und: Am besten gart man gleich zwei oder drei Knollen. Die lassen sich in den nächsten zwei, drei Tagen problemlos im Kühlschrank aufbewahren und zu köstlichen Suppen oder Pürees (die man dann auch einfrieren kann) verarbeiten.

Am Ende der Garzeit wird die Sellerieknolle aus dem Backofen genommen, in Spalten geschnittenen, mit Zitronensaft beträufelt, gesalzen, gepfeffert und serviert.

Aber das war es noch nicht. Der Sellerie wird noch mit einem kleinen Pilz-Gemüse-Potpourri umlegt und gekrönt. Hierzu Rosenkohl putzen, in Scheibchen schneiden und zusammen mit Pilzen (Champignons oder Kräuterseitlinge) in einer Pfanne kurz scharf anbraten. Etwas Wasser angießen, salzen und pfeffern, den Deckel auf die Pfanne geben und das Gemüse knackig fertig garen. Zum Schluss eine Handvoll Cranberrys oder Weintrauben dazugeben. Das passt perfekt.

Man kann alles noch mit einem Topping krönen. Hierzu eignet sich ein Pesto aus glatter Petersilie, gerösteten Haselnüssen und Olivenöl. Oder eine Hollandaise. Oder, ganz einfach: zusammen mit gehackten und gerösteten Haselnüssen zerlassene Butter.

Grünkohl

Grünkohl, in Schweineschmalz über Stunden hinweg gekocht bis er nicht mehr grün, sondern braun ist, dazu fette Würste und gepellte Kartoffeln – das war nicht ganz zu Unrecht so etwas wie der Inbegriff bundesdeutscher »Plumps-Küche«. Aber das ist aus und vorbei. Denn seit geraumer Zeit schießt der Hype um den Grünkohl unaufhaltsam nach oben. Kaum ein Trend-Lokal kommt noch ohne ihn aus, und seit irgendwelche Foodies ihn gar zu Superfood (was immer das auch sein mag) geadelt haben, ist dieses ehemals rustikale Wintergemüse endgültig auf den Tellern der edleren Restaurants angekommen. Und weil eine Garzeit von mehr als einer knappen halben Stunde wirklich nicht nötig ist, muss man auch nicht zur vorgekochten Tiefkühlware greifen.

Grünkohl putzen, das heißt, dass dicke Rippen, auf jeden Fall die Mittelrippe, entfernt werden. Dann die Blätter waschen und ein paar Mal mit dem Messer kreuz und quer grob hacken. Eine Schalotte fein würfeln und in einem Topf in etwas Butter oder Öl glasig andünsten. Den Kohl dazugeben, etwas Gemüsebrühe angießen und 20 bis 30 Minuten köcheln lassen, ab und zu umrühren. Gelegentlich probieren, denn die Garzeit variiert je nachdem, wie jung und zart die Blätter sind, und ob man ihn weich oder noch mit leichtem Biss haben möchte.

Da man das also nicht auf die Minute genau planen kann, sollte man die übrigen Zutaten in einem extra Topf garen. Denn gerade bei den Linsen läuft man sonst Gefahr, dass sie matschig werden.

Karotten schälen, in dünne Scheiben schneiden und diese dann nochmal halbieren. Die Linsen waschen, Ingwer fein würfeln, die Knoblauchzehe ebenso. Die Peperonischote längs halbieren, Kerne herauskratzen und dann fein schneiden. Eine Stange Staudensellerie klein schneiden, Petersilie hacken, Gemüsezwiebel fein schneiden. Das Gemüse kann variieren, je nachdem, was das Gemüsefach so hergibt. Wichtig sind mir, neben dem Grünkohl, vor allem die Linsen.
All das in einem Topf in Butter oder Öl andünsten, Brühe zugeben, und wenn die Linsen auf dem Punkt sind, noch etwas Kokosmilch angießen, eine kleine Dose genügt. Nun die Inhalte der beiden Töpfe zusammenschütten, final erhitzen, mit Salz, Pfeffer und einer Prise Zucker würzen und – falls gewünscht – noch mit etwas Chilipulver schärfen.

Wer Fleisch dazu möchte: Ein Stück gebratene Hähnchenbrust, in Streifen geschnitten und zum Schluss untergemischt, passt bestens.

Zutaten für vier Personen

700 g frischer Grünkohl
250 g rote Linsen
400 g gemischtes Gemüse (Karotten, Staudensellerie)
1 Schalotte
1 Knoblauchzehe
1 Stück Ingwer
1 mittelgroße Peperonischote
1 kleine Dose Kokosmilch
Salz und Pfeffer
Zucker
Chilipulver
½ l Gemüsebrühe
Butter oder Öl zum Dünsten

Bei Bedarf
1–2 Hähnchenbrüste

VEGETARISCH

Gehören Sie zusammen?

Gelegentlich!

Zutaten für vier Personen

500 g frischer Spinat
1 mittelgroße Zwiebel
1 Knoblauchzehe
200 g Schafskäse (die in Salzlake eingelegten Scheiben)
1 Ei
½ Bund Dill
Salz und Pfeffer
Muskatnuss

1 Packung (250 g) Yufka- bzw. Filoteig
Öl zum Einpinseln

Spinatpastete

Hauchdünne Strudelteigblätter (dieser Teig heißt auf Griechisch Filoteig und auf Türkisch Yufka-Teig) machen diese Pastete zu einem luftig-knusprigen Geschmackserlebnis. Vermutlich will kaum jemand diesen Teig selbst zubereiten. Ganz zu schweigen von der Kunst, ihn so dünn auszuwellen, dass man eine darunterliegende Zeitung lesen kann. Ich würde das nicht hinbekommen. Zum Glück gibt es ihn in bester Qualität fertig zu kaufen.

Die Füllung besteht – ganz klassisch – aus Spinat, Ei, Zwiebel, Knoblauch, Schafskäse und ein paar Gewürzen.

Spinat gut durchwaschen, die dicken Stängel wegbrechen, tropfnass in eine große Pfanne geben, in der er ein paar Minuten geschmurgelt wird, bis er zusammengefallen ist. In ein Sieb abschütten und mit dem Rücken einer Suppenkelle so viel Flüssigkeit wie möglich aus ihm rausdrücken, auf ein Brett legen und grob hacken.

Eine Zwiebel und eine Knoblauchzehe fein würfeln und in etwas Öl glasig andünsten. Ein Ei verquirlen. Schafskäse fein zerbröseln. Dill fein hacken. Alles in einer Schüssel mit Salz (Vorsicht, der Schafskäse bringt einiges an Salz mit), Pfeffer und gemahlener Muskatnuss vermengen und herzhaft abschmecken.

Den Backofen auf 180 Grad (Ober- Unterhitze) vorheizen.

Den Boden und Rand einer Springform (ca. 24 Zentimeter Durchmesser) ganz dünn mit Olivenöl einpinseln. Den Boden der Form mit einem Teigblatt belegen, und zwar so, dass das Teigblatt zum Rand der Backform reicht und diesen ebenfalls auskleidet. Dann dieses Teigblatt ebenfalls hauchdünn mit Öl bestreichen. Darauf ein weiteres Teigblatt legen. Wenn die Teigblätter zu groß oder zu klein sind, kann man sie problemlos stückeln und leicht überlappend zusammensetzen.

Die Füllung hineingeben und gleichmäßig verteilen. Teigrand über die Füllung klappen und alles mit zwei weiteren Teigblättern oben abdecken – wieder ganz dünn mit Öl bepinseln.

Nun kommt das Werk in den Backofen (mittlere Einschubleiste) und nach einer Stunde ist die Spinatpastete oben schön braun und damit fertig. Herausnehmen, auf ein Brett gleiten lassen und mit einem scharfen Brotmesser aufschneiden.

Die hier beschriebene Füllung ist so etwas wie ein Klassiker. Wer es kräftiger mag, nimmt statt Spinat einfach Mangold. Die Geschmacksrichtung, wie man sie im östlichen Mittelmeer liebt, lässt sich forcieren, indem man ein paar klein gehackte Rosinen oder Datteln untermischt. Auch geröstete und fein gehackte Nüsse machen sich gut. Und auch beim Käse ist der Schafskäse kein Dogma.

Kirschplotzer

Kirschplotzer – auch Kirschenmichel genannt – gehört in die Kategorie der Aufläufe. Und deshalb eignet er sich als Süßspeise wie auch als vollwertige Hauptmahlzeit, aber genauso gut als Alternative zum Kuchen für die Kaffeetafel. Die Zutaten sind so berechnet, dass ein Kaffeekränzchen zu viert – ordentlich Schlagsahne als Zugabe vorausgesetzt – damit gut hinkommt. Wer den Kirschplotzer jedoch als Mittagessen servieren möchte, braucht für vier Personen die doppelte Menge und möglichst einen halben Liter Vanillesoße dazu.

Apropos Hauptmahlzeit: Früher war das im Schwarzwald ein typisches Mittagessen am Freitag. Vorweg gab es eine Suppe und dann Kirschplotzer mit Kakao.

Kirschen waschen, aber nicht entsteinen. Das verhindert, dass sie zu viel Flüssigkeit an den Teig abgeben und dieser matschig wird. Aus demselben Grund ist es wichtig, die Kirschen nach dem Waschen sehr gut abtropfen zu lassen.

In einer Rührschüssel Butter und Zucker mit dem Handrührgerät cremig-schaumig rühren. Dann kommen die Eigelbe dazu, eines nach dem anderen, nach jedem Eigelb immer solange weiterschlagen, bis sich alles verbunden hat und die Masse wieder cremig ist.

Ich bin süchtig nach dem Kirschplotzer von meiner Schwiegermutter.

Bevor wir über das Problem reden, diktieren Sie mir mal das Rezept.

Die fünf Esslöffel Flüssigkeit über die Semmelbrösel geben, damit diese sich damit vollsaugen können. Brösel, Schokoraspel, Mandeln sowie Zimt und Koriander in die Butter-Zucker-Eigelb-Masse geben und unterrühren. Zum Schluss die Kirschen und das steif geschlagene Eiweiß mit einem Kochlöffel vorsichtig unterheben.

Auflaufform ausbuttern und mit Semmelbröseln ausstreuen. Man nimmt dafür ein Stück weiche Butter und verreibt sie mit den Fingern gleichmäßig auf dem Boden und an der Wand der Auflaufform. Dann streut man Semmelbrösel hinein, so viele, wie an den gebutterten Flächen hängenbleiben. Kirschplotzer-Masse in die Form füllen und glattstreichen. Die Backzeit beträgt im auf 200 Grad vorgeheizten Backofen (Ober- und Unterhitze, mittlere Einschubleiste) eine Stunde. Kirschplotzer mit einem großen Löffel portionsweise aus der Form herausstechen. Lauwarm schmeckt er übrigens am besten.

Zutaten für vier Personen

500 g Kirschen
80 g weiche, zimmerwarme Butter
3 Eier (Eigelb und Eiweiß getrennt)
100 g Zucker
50 g Semmelbrösel
40 g gemahlene Mandeln
2 gehäufte EL geraspelte Schokolade oder Schokostreusel
5 EL Flüssigkeit (1–2 EL Kirschwasser, Rest Wasser oder trockener Weißwein)
2 Messerspitzen Zimtpulver
2 Messerspitzen Korianderkörner

1 nussgroßes Stück Butter
1–2 gehäufte EL Semmelbrösel zum Ausbuttern der Backform

Wo kommen denn die Forellen her?

Us'm Bächle.

Forellen...
blau...
grün...
rot...

Fisch

Fisch auf Sauerkraut

Frisches Sauerkraut hat ab Ende September Saison. Es ist dermaßen gesund, dass man es auf Rezept bekommen müsste. Vitamine sind drin. Seine Milchsäure fördert Verdauung und Stoffwechsel. Ballaststoffe hat es massenhaft. Und kalorienarm ist es obendrein – vorausgesetzt, man lässt die Schweinshaxe weg. Unsere Alternative heißt Fisch. Wem diese Kombination gewagt erscheint, kann sich bei unseren Nachbarn im Elsass umsehen. Dort liebt man Fisch auf Sauerkraut – es schmeckt köstlich!

Wir bereiten das Kraut klassisch zu: Zwiebeln in feine Streifen schneiden, in einem Topf in ordentlich Butter glasig dünsten, mit Riesling ablöschen und das Kraut dazugeben. Wer das Kraut lieber mild mag, gibt es zuvor in ein Sieb und braust es gründlich mit kaltem Wasser ab. Wer es säurebetonter liebt, gibt das Kraut gerade so in den Topf. Eine Prise Salz dazugeben. Alle Gewürze einschließlich der geschälten Knoblauchzehe auf ein Tuch legen, zubinden, so dass man ein kleines Säckchen hat, und unter das Kraut stecken. Mit Wasser auffüllen, bis das Kraut knapp bedeckt ist. Zugedeckt gart es nun auf ganz kleiner Flamme. Etwa 20 Minuten für alle, die es mit Biss mögen, 40 Minuten für jene, die es schön weich lieber haben. Gelegentlich umrühren und den Flüssigkeitsstand überprüfen, damit nichts anbrennt. Kraut in ein Sieb abschütten, gut abtropfen lassen und das Gewürzsäckchen herausnehmen.

Zum Fisch: Für die klassische elsässische Kombination wird Süßwasserfisch genommen, vor allem Forelle, Zander, Saibling oder auch Lachs. Aber Seefisch schmeckt genauso gut. Wer die Abwechslung mag, sollte zwei bis drei verschiedene Fischsorten auswählen. Und wir nehmen Fischfilet. Wenn der Fisch auf dem Kraut liegt hat niemand Lust, nach Gräten zu pulen.

Die Filets in gleichmäßig große Stücke schneiden. Die einfachste Garmethode ist ein Zwischending aus dünsten und braten. Filetstücke auf ein leicht eingeöltes Backblech legen, salzen, pfeffern, mit Zitrone beträufeln und in den auf 200 Grad vorgeheizten Backofen schieben. Ein dünnes Forellen- oder Saiblingsfilet ist nach fünf Minuten durch, ein dickes Stück Lachs braucht rund zehn Minuten.

Geschmacklich werden Fisch und Sauerkraut durch eine Buttersoße verbunden. Hierzu die Schalotten sehr fein hacken und in einem Viertelliter Weißwein in einem offenen Topf so lange kochen, bis der Wein fast vollständig verdunstet ist. Mit dem Schneebesen 200 Gramm kühlschrankkalte Butter so lange einrühren, bis die Butter geschmolzen ist. Der Topf bleibt dabei auf dem Herd, die Hitze so weit reduzieren, dass die Butter schmilzt, aber nicht aufkocht. Mit Salz, Pfeffer und einem Spritzer Zitronensaft abschmecken.

Auf jeden Teller Sauerkraut geben und darauf das Fischstück legen. Zwei Löffel Buttersoße darüber gießen und mit gehackter Petersilie bestreuen. Dazu gibt es in Butter und Petersilie geschwenkte Pellkartoffeln und eine Flasche Riesling.

Zutaten für vier Personen

1 kg frisches rohes Sauerkraut
2 mittelgroße Zwiebeln
100 g Butter
1 geschälte Knoblauchzehe
1 Gewürznelke
1 gehäufter TL Korianderkörner
5 Wachholderbeeren
10 Pfefferkörner
1 Lorbeerblatt
1 Zweig Thymian
¼ l trockener Riesling
Salz

1,2 kg gemischtes Fischfilet

Buttersoße
3 Schalotten
¼ l trockener Weißwein
200 g Butter
Salz und Pfeffer
etwas Zitronensaft
Petersilie

Fisch in Erbsensauce

Mit pürierten Erbsen lässt sich ohne großen Aufwand eine aromatische Sauce herstellen – eine perfekte Grundlage für ein leichtes Fischgericht.

Wir brauchen ein Kilogramm frische Erbsenschoten. Wenn sie gepalt sind, hat man rund 300 Gramm Erbsen übrig. Das ist auch die Menge, die man braucht, wenn zur Tiefkühlware gegriffen wird.
Erbsen in Salzwasser, dem eine Prise Zucker zugefügt wird, drei Minuten kochen, in ein Sieb abschütten und gut kalt abbrausen. Tiefkühlerbsen noch gefroren in das kochende Wasser schütten. Sie brauchen auch rund drei Minuten, bis sie gar sind.

Die Kartoffeln schälen, klein würfeln und in Salzwasser garkochen, abschütten.

In einem Topf in etwas Butter eine Schalotte und eine kleine Knoblauchzehe, beide klein geschnitten, goldgelb dünsten. Die Hälfte der Erbsen mit der Schalotten-Knoblauch-Mischung und einem halben Liter nicht zu kräftiger Gemüsebrühe pürieren. Das Püree durch ein feines Sieb streichen, so dass man eine glatte, grüne Sauce hat, die man bei Bedarf mit Brühe verlängern kann.
Mit Salz, Pfeffer, etwas Zitronensaft und Wermut (Noilly Prat) sowie einer Spur Schärfe, z.B. Chili, abschmecken.

Den Lachs kalt abwaschen und in mundgerechte Würfel schneiden. Die Tintenfische (Kalmare) putzen, also den Kopf mit den Tentakeln aus der Tube ziehen, von den Tentakeln die Augen und das harte Beißwerkzeug wegschneiden, die Innereien mit dem harten Chitin-Stück aus den Tuben nehmen, die dunkle Haut abziehen, alles gut abbrausen und dann die Tuben in Ringe von etwa einem Zentimeter Breite schneiden. Die Tintenfische sollten nicht zu groß sein – etwa zehn Zentimeter Tubenlänge ist ideal.

Die Lachswürfel muss man nicht extra braten. Es genügt, wenn sie in der heißen Erbsensauce direkt vor dem Servieren kurz garziehen. Anders sieht es bei den Tintenfischen aus. Sie schmecken mir besser, wenn sie in sehr heißem Fett in der Pfanne ganz kurz scharf angebraten werden – 30 Sekunden, nicht länger, sonst besteht die Gefahr, dass sie zäh werden.

Und schon geht es ans Finish: Erbsensauce aufkochen, Kartoffelstücke, restliche Erbsen und Lachsstücke hineingeben und drei Minuten sanft köcheln. Dann sind alle Zutaten heiß und die Lachsstücke perfekt gegart, saftig und nicht trocken. Ganz zum Schluss für etwa eine halbe Minute noch die Tintenfische dazugeben.

In vorgewärmte Teller schöpfen, mit Pfeffer aus der Mühle würzen, mit klein gehackter Petersilie und Dillspitzen bestreuen und ein bisschen Olivenöl darüber träufeln.

Mit einem Stück Baguette servieren.

Zutaten für vier Personen

1 kg frische Erbsenschoten
oder 300 g tiefgekühlte Erbsen
1 Prise Zucker
1 Schalotte
1 Knoblauchzehe
etwas Butter
½ l nicht zu kräftige Gemüsebrühe
Salz und Pfeffer
1 EL Zitronensaft
1 EL Noilly Prat (Wermut)
1 Prise Chili

400 g halbfest kochende Kartoffeln

4–6 kleine Tintenfische (Kalmare)
mit einer Tubenlänge ca. 10 cm
Öl zum Anbraten
500 g Lachs ohne Haut

2 Stängel Dill
3 Stängel glatte Petersilie
Olivenöl

Forelle aus dem Ofen

Forellen müssen ja nicht zwangsläufig auf die traditionelle südbadische oder Schwarzwälder Art auf den Tisch kommen. Also entweder in einem würzigen Sud sanft gar gezogen und damit »blau«, oder in einer Mandelkruste gebraten, und somit auf »Müllerin Art«. Nichts gegen diese wunderbaren Klassiker. Aber: Eine Handvoll Kräuter und eine spezielle Soße machen aus der guten alten Schwarzwälder Forelle ein abwechslungsreiches und ziemlich raffiniertes, frisches Essen.

Ich weiß, dass es viele Menschen gibt, die Forellen eigentlich nicht so richtig mögen. Weil sie angeblich immer etwas unfrisch und im schlimmsten Fall moosig oder gar tranig schmecken. Und dieser Befund stimmt ja auch, nämlich dann, wenn die Fische nicht aus einer erstklassigen Zucht stammen.

Ist die Zucht top, dann haben Forellen ein wunderbar klares Aroma, frei von jedem dumpfen Beigeschmack. Im Zweifel also mal den Lieferanten wechseln und die Liebe zum heimischen Fisch aus der Familie der Salmoniden (Lachse) wieder neu entdecken. Ob man zur rot- oder zur weißfleischigen Variante greift, ist dann eher nur noch eine Frage der Optik.

Pro Person rechnet man mit einer Forelle im Normalformat, die ausgenommen ein Gewicht von rund 300 bis 350 Gramm auf die Waage bringt. Von guten Züchtern kann man aber auch ohne jegliche geschmacklichen Einbußen deutlich größere Exemplare kaufen. Der Vorteil: Da ist dann mehr Fleisch auf den Rippen bzw. Gräten.

Petersilie grob hacken und mit einer Prise grobem Salz, ein paar Pfefferkörnern und etwas Olivenöl in einem Mörser zu einer Art Pesto verrühren. Damit die Forellen ringsum einreiben und dabei die Bauchhöhlen nicht vergessen. Fische nebeneinander auf ein Backblech oder in eine Reine legen und in den auf 220 Grad vorgeheizten Backofen (Ober- und Unterhitze, mittlere Einschubleiste) schieben.
Die Garzeit dauert bei einem 350-Gramm-Exemplar etwa 20 Minuten. Pro 50 Gramm Mehrgewicht gibt man zwei Minuten dazu. Zur Kontrolle schneidet man mit einem spitzen Messer an der Rückflosse ein. So sieht man sehr gut, ob das Fleisch an der Rückengräte noch glasig ist, sich schon von der Gräte löst oder noch nicht.

In der Zwischenzeit wird die Soße zubereitet: Kirsch- oder Cocktailtomaten waschen und je nach Größe halbieren oder vierteln, Rosinen halbieren und zusammen mit einer kleinen durchgedrückten Knoblauchzehe, dem Saft von einer Orange und dem Schalenabrieb von einer Limette in eine Schüssel geben. Fein gehackten Dill und Korianderblätter, gemörserten Koriander- und Fenchelsamen, einen Spritzer Holunder- oder Ahornsirup (alternativ ein Löffel Honig), bisschen Salz und Pfeffer dazugeben und alles gut verrühren. Besonders fein wird das Aroma der Soße, wenn man die Fenchel- und Koriandersamen vor dem Mörsern in einer Pfanne vorsichtig anröstet.

Wenn die Garzeit der Forellen halb vorbei ist, gießt man diese Soße über sie und beschöpft die Fische anschließend alle paar Minuten mit der Soße.

Die fertigen Forellen mit Zitronenschnitzen auf vorgewärmten Tellern anrichten. Soße vom Backblech schaben und die Forellen damit überziehen. Diese Soße ist so würzig und so lecker, dass ich sie am liebsten nur mit einem Stück Baguette auftunke. Ein bisschen Reis oder Petersilienkartoffeln machen sich aber auch sehr gut.

Zutaten für vier Personen

4 Forellen zu je 350 g

Würz-Pesto
1 Bund glatte Petersilie
1 gestrichener TL grobes Salz
1 gestrichener TL Pfefferkörner
3 EL Olivenöl

Soße
250 g Kirsch- oder Cocktailtomaten
1 gehäufter TL Rosinen
1 kleine Knoblauchzehe
1 Orange (Saft)
1 Limone (Schalenabrieb)
1 gestrichener TL Fenchelsamen
1 gestrichener TL Koriandersamen
1 TL Holunder- oder Ahornsirup, wahlweise Honig
½ Bund Dill
½ Bund Koriander
Salz und Pfeffer
Zitronenschnitze

Gemüse-Reis-Fisch-Topf

Das ist so eine Art Fisch-Paella, nicht hundertprozentig original, dafür schnell zubereitet.

Grundlage ist selbstverständlich Reis. Paella-Reis ist wie Risotto-Reis ein Rundkornreis. Wer also noch eine Packung italienischen Risotto-Reis zu Hause hat, kann diesen problemlos nehmen. Bei diesem Gericht wird nicht ständig gerührt, so dass er körnig bleibt und nicht sämig wird, sondern nur eine ganz leichte Bindung ergibt. Langkornreis, Basmatireis oder ähnliche Sorten eignen sich nicht so gut.

Damit der Reis von Anfang an Geschmack bekommt, wird er nicht in Wasser gekocht, sondern gleich im Fischsud gegart.

Für diesen Sud Zwiebeln und Knoblauch sehr fein würfeln, Gemüse in nicht zu grobe Stücke schneiden. Man kann alles verwerten, was noch an Einzelteilen im Gemüsefach lagert: etwa Karotte, Zucchini, Staudensellerie. Alles in einem großen Topf in etwas Olivenöl drei, vier Minuten bei nicht zu starker Hitze leicht anrösten. Tomatenmark einrühren und kurz mitbraten.

Mit Fischfond und Wein ablöschen und aufgießen. Mit Paprikapulver, Salz, Pfeffer und Chili würzen, Lorbeerblatt und Thymian beifügen. Alles einmal aufkochen und dann den Reis dazugeben, umrühren und 15 bis 20 Minuten bei geschlossenem Deckel so lange sanft köcheln, bis der Reis fast durch ist. Während der letzten drei, vier Minuten kommen die zuvor aufgetauten Erbsen dazu. Falls Flüssigkeit fehlt, gießt man etwas Wasser an, wird es zu suppig: Deckel vom Topf nehmen.

Abschmecken, bei Bedarf nachwürzen und einen Teelöffel geriebene Zitronenschale dazugeben. Das hat den Vorteil, dass nur das zitronenfrische Aroma ans Essen kommt, aber keine Säure. Die bringt schon der Wein mit.

In der Zwischenzeit haben wir den Fisch abgebraust und in nicht zu kleine Stücke geschnitten. Die kommen mit den zuvor aufgetauten Garnelen zum Reis dazu. Etwas Flüssigkeit auf die Fischstücke schöpfen und alles zusammen sanft köchelnd rund vier bis fünf Minuten weitergaren. Dann ist der Fisch je nach Größe der Stücke glasig bis durch.

Im Ergebnis sollte es keine Suppe sein, aber auch nicht zu trocken, sondern gut saftig mit einem Rest an Flüssigkeit. Vor dem Servieren mit gehackter Petersilie bestreuen.

Zutaten für vier Personen

500–600 g Fischfilet, 2–3 Sorten gemischt (Wolfsbarsch, Seesaibling, Seeteufel, Kabeljau)
150 g tiefgekühlte Garnelen

500 g gemischtes Gemüse (Zwiebeln, Staudensellerie, Zucchini, Möhren)
2 Knoblauchzehen
150 g tiefgekühlte Erbsen
200 g Risotto- oder Paella-Reis

10 cm Tomatenmark aus der Tube
Salz und Pfeffer
gemahlener Chili
2 gehäufte TL Paprikapulver
2 Lorbeerblätter
4 Stängel Thymian
1 TL abgeriebene Schale von einer Bio-Zitrone
etwas Petersilie

1 l Fischfond (aus dem Glas)
¼ l trockener Weißwein

Öl zum Anbraten

Matjes-Gemüse-Kartoffel-Salat

Es muss nicht immer Matjes nach Hausfrauen-Art sein. Wobei es mir ohnehin noch nie so richtig eingeleuchtet hat, weshalb Hausfrauen ihre Familienmitglieder ausgerechnet mit kalorienmächtigen Sahnetunken vollstopfen sollten. Es ist aber wohl so ähnlich wie beim Spargel: Eine eher leichte und gesunde Grundzutat wird mit gewaltigen Soßen oder Buttermengen überhäuft, so dass die Badezimmerwaage im Ergebnis stoisch auf dem altbekannten Wert verharrt.

Deshalb habe ich einen alternativen Vorschlag: Matjes mit viel Gemüse, neuen Kartoffeln und einer leichten Vinaigrette.

Wir kochen die kleinen, runden Kartöffelchen in der Schale. Da sie auch mit der Schale gegessen werden können, sollte man sie vorher gut abschrubben. Die gekochten Kartoffeln halbieren und auf der Schnittfläche in ganz wenig Öl in einer Pfanne kräftig anbraten.

Stangenbohnen (das sind die breiten) kochen. Das Kochwasser kräftig salzen, sonst bleiben die Bohnen fad im Geschmack. Gekocht wird ohne Deckel auf dem Topf, so behalten die Bohnen ihre grüne Farbe. Bohnen in ein Sieb abschütten und ausgiebig kalt abbrausen, was die Farbe zusätzlich stabilisiert. Bohnen in fingerbreite, schräge Stücke schneiden.

Eine rote Zwiebel schälen und in sehr feine Streifen schneiden. Tiefgekühlte Erbsen zwei Minuten in Salzwasser kochen, in ein Sieb abgießen und kalt abbrausen. Vom Kochwasser der Erbsen eine Schöpfkelle voll auffangen, das brauchen wir noch für die Vinaigrette.

Blumenkohl in kleine Röschen zerlegen, in einer Schüssel mit zwei Esslöffeln Öl und zwei Teelöffeln Salz vermengen, gleichmäßig auf einem mit Packpapier ausgelegten Backblech verteilen. In den auf 200 Grad vorgeheizten Backofen

Zutaten für vier Personen

4 Doppelmatjes
1 kleiner Blumenkohl
500 g neue, kleine Kartoffeln
500 g Stangenbohnen
200 g tiefgekühlte Erbsen
1 rote Zwiebel
1 Vespergurke
1 Rispe Cocktailtomaten
Backpapier

Vinaigrette
Weißweinessig
Olivenöl
Salz und Pfeffer
Zucker
süßer und scharfer Senf
zu gleichen Teilen
½ Bund Dill

schieben, nach rund 15 Minuten ist der Kohl gar. Ein Vorteil dieser Methode: Der Geschmack wird intensiviert, da nichts davon mit dem Kochwasser im Abguss verschwindet. Starke Gemüsearomen sind wichtig, sonst gehen sie neben dem Matjes unter.

Vespergurke schälen, der Länge nach halbieren und in dünne Scheiben schneiden. Cocktailtomaten waschen und halbieren.

Die Matjes kalt abwaschen, trockentupfen und in mundgerechte Stücke schneiden.

Die Vinaigrette besteht aus Essig, scharfem und süßem Senf, Salz, Pfeffer, einer Prise Zucker und einem guten Schuss vom Kochwasser der Erbsen. Alles vermengen und mit einem Schneebesen schaumig aufschlagen.

Zutaten auf Tellern schön arrangieren und mit der Vinaigrette überziehen. Zum Schluss mit gehacktem Dill garnieren.

Forelle oder Saibling mit Linsen-Gemüse-Vinaigrette

Dieses Rezept ist ein frühlingsleichter Hauptgang. Wenn man die Mengenangaben halbiert, hat man eine tadellose Vorspeise. In Butter geschwenkte Petersilienkartoffeln passen gut dazu.

Vom Fischhändler lassen wir uns die Fischfilets herrichten. Die Haut sollte weg sein und, so gut es geht, auch die Gräten.

Bevor wir uns an die Zubereitung des Fisches machen, kümmern wir uns um die Vinaigrette: Linsen kochen – sie sollten weich sein, aber noch ein wenig Biss haben. Die dicken Tellerlinsen eignen sich hier nicht. Kleine Linsen von der Schwäbischen Alb oder aus Le Puy in Frankreich sind die besseren. Auch rote oder gelbe Linsen passen gut. Vorsicht bei den letzteren: Sie sind viel schneller gar als die anderen.

Zum Gemüse: Diese Vinaigrette eignet sich hervorragend, um das Gemüsefach im Kühlschrank wieder mal aufzuräumen. Lungert dort eine einzelne Karotte herum?

Her damit! Eine halbe Kohlrabi? Ein Stück Salatgurke? Drei Radieschen? Ein Stängel vom Staudensellerie? Alles ist zu gebrauchen. Gemüse putzen, waschen, schälen und in klitzekleine Würfel schneiden. Insgesamt brauchen wir etwa 400 Gramm Gemüsewürfel. Mit Ausnahme von Radieschen- und Gurkenwürfeln alle zwei bis drei Minuten in kochendem Salzwasser blanchieren. Sie sollten, genau wie die Linsen, gar sein, aber auch noch Biss haben. In ein Sieb abgießen, kalt abbrausen und gut abtropfen lassen.

Kräuter putzen und fein hacken. Auch hier passt vieles, und man muss es nicht so genau nehmen: Dill, Schnittlauch, Kerbel, Petersilie, Estragon. Alles grob hacken und mit Essig, Olivenöl, Salz, Pfeffer und einer Prise Zucker zu einer Vinaigrette (es sollten rund 0,2 Liter sein) vermengen. Die Vinaigrette sollte durchaus essigbetont schmecken. Gemüsewürfel und Linsen in einen Topf geben und die Vinaigrette darüber gießen.

Die Fischfilets kalt abwaschen, trocken tupfen und mit Zitronensaft, Salz und Pfeffer auf beiden Seiten würzen. Den Backofen auf 180 Grad vorheizen, ein Backblech mit Alu-Folie auslegen und die Fischfilets darauf legen. Rund zehn Minuten im Backofen (mittlere Einschubleiste) garen. Länger brauchen die dünnen Filets nicht. Sie dürfen innen noch leicht glasig sein.

Kurz vor Ende der Garzeit die Vinaigrette erhitzen und die Kräuter hineinrühren. Die fertigen Filets auf Teller legen und mit der heißen Vinaigrette überziehen.

Wenn man keine Filets vom Saibling bekommt, eignen sich Forellenfilets oder Filets von der Lachsforelle genauso gut.

Zutaten für vier Personen

8 Filets von der Forelle
oder vom Saibling (je rund 150 g)
Salz und Pfeffer
Zitronensaft

Vinaigrette

400 g bunt gemischtes Gemüse (Karotte, Kohlrabi, Staudensellerie, Salatgurke, Radieschen)
½ Tasse Linsen
1 bunte Kräutermischung, ca. 100 g (Dill, Petersilie, Estragon, Kerbel, Schnittlauch)
Essig
Olivenöl
Salz und Pfeffer
1 Prise Zucker

Miesmuscheln

Wenn wir als Beilage zu Miesmuscheln die Pommes Frites weglassen und uns dafür mit einem Stück frisch aufgebackenem Baguette begnügen, dann sind alle Voraussetzungen für ein leichtes und kalorienarmes Essen erfüllt. Zum Auftunken des aromatischen Suds eignet sich das Brot ohnehin viel besser als die fettigen Fritten. Damit es noch etwas abwechslungsreicher wird, mische ich die obligatorische Petersilie halbe-halbe mit Korianderblättern, würze zudem mit abgeriebener Limettenschale und Limettensaft, gebe etwas Ingwer dazu und vergesse die animierende Schärfe von einer Prise Chili nicht.

Mies – der Begriff kommt aus dem Mittelhochdeutschen, bedeutet Moos und weist uns darauf hin, dass sich jede einzelne Muschel mit Bratenfäden an Pfählen oder anderen Gegenständen unter Wasser festmacht und dabei ein moosartiges Geflecht bildet. Mit mies oder gar schlecht hat das alles also überhaupt nichts zu tun.

Und mit diesen Barten fängt die Arbeit in der Küche auch schon an: Je nach dem, wie sauber die Muscheln vom Händler bereits vorbereitet wurden, müssen wir – nachdem wir sie in ein Sieb gegeben und kurz mit kaltem Wasser abgebraust haben – jede einzelne in die Hand nehmen und mit einem Messer die am spitzen Ende der Muschel herauswachsenden Barten abschneiden oder wegzupfen. Bei diesem Arbeitsgang werden gleich all jene Muscheln aussortiert, die beschädigt oder nicht fest geschlossen und damit für den Verzehr nicht geeignet sind.

Nun geht es an den Sud, der für den Geschmack so wichtig ist wie die Soße bei einem Braten. Schalotte, Lauch, Ingwer, Knoblauch, Petersilienwurzel und Staudensellerie in kleine Würfel oder feine Ringe schneiden und in einem sehr großen Topf in etwas Olivenöl andünsten. Mit Weißwein ablöschen, Lorbeerblatt, abgeriebene Schale von einer halben Limette, Chilischote, Salz und ein paar Pfefferkörner dazugeben.

Das Ganze fünf Minuten sanft köcheln. Dann geben wir am Herd Vollgas, und wenn der Sud heftig aufkocht, werden die Muscheln hineingeschüttet. Bei geschlossenem Deckel fünf Minuten kochen. Den Topf zwischendurch mehrmals kräftig schütteln (dabei den

Deckel mit den Daumen fest auf den Topf drücken), damit die Muscheln durcheinanderwirbeln und alle mit dem Sud in Verbindung kommen. Während der letzten zwei Minuten die grobgehackte Petersilie, den ebenfalls grobgehackten Koriander und Saft von einer halben Limette dazugeben.

Anrichten: Brot rösten. Mit einer Siebkelle die Muscheln auf die vorgewärmten Teller verteilen und mit einem Schöpfer vom Muschelsud übergießen. Muscheln, die sich nicht geöffnet haben, sind schlecht – diese wegwerfen.

Zutaten für vier Personen

- 3 kg Miesmuscheln
- 1 Schalotte
- 1 kleine Lauchstange
- 1 daumengroßes Stück Ingwer
- 1 kleine Petersilienwurzel
- 1 kleine Knoblauchzehe
- 1 Stange Staudensellerie
- 1 Limette
- 1 Chilischote
- 1 Lorbeerblatt
- Salz
- Pfefferkörner
- ½ Bund glatte Petersilie
- ½ Bund frischer Koriander
- ¼ l trockener Weißwein
- Olivenöl
- Baguette

Magst du überhaupt Sardinen?

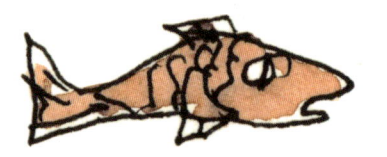

Quatsch nich. – Rein mit Dir!

P. Gay

Matelote

Matelote heißt der sahnige Fischeintopf, den unsere elsässischen Nachbarn so lieben. Ich finde ihn auch wunderbar. Er löst den Sommer in der Fischküche mit seinen mediterranen Rezepten mit Olivenöl und vielen frischen Kräutern zugunsten des magenwärmenden, üppigen Eintopfes ab.

Die Matelote wird klassisch mit Süßwasserfischen zubereitet – also vor allem mit Saibling, Felchen, Kretzer und Forelle. Wer mag, nimmt auch Aal (kräftiger Geschmack), Wels (eher gewöhnungsbedürftig, da manchmal mit etwas moosigem Aroma, ähnlich dem Karpfen) oder Hecht (Vorsicht, Gräten!).

Man sollte zwei bis drei verschiedene Fischsorten nehmen – der Abwechslung wegen. Und wenn ein rotfarbiger Saibling mit dabei ist, ist das nicht nur gut für den Geschmack, sondern auch für die Optik.

Auf jeden Fall hautfreie Filetstücke nehmen, diese kurz kalt abbrausen und in etwa fünf Zentimeter breite Streifen schneiden. Das Abtrocknen mit Küchenpapier können wir uns sparen, denn der Fisch wird ja nicht gebraten, sondern in der Soße sanft geköchelt.

Steinchampignons in kleine Stücke schnippeln, in Öl kräftig anbraten und beiseitestellen.

Nun den Sud ansetzen. Dieser sollte – neben Sahne und Wein – etwa zur Hälfte aus Fischfond bestehen. Falls kein gekaufter aus dem Glas, kein selbstgemachter aus der Vorratshaltung im Tiefkühlfach, also nichts greifbar ist, und Fischgräten zum Auskochen schon gleich gar nicht – dann empfehle ich diese Einfachst-Variante: Schalotten sehr fein schneiden, in Butter glasig dünsten, mit Wein ablöschen, einen Schuss Wasser dazugegeben und zusammen mit einem Lorbeerblatt fünf Minuten köcheln. Sahne dazu gießen, mit Salz und Pfeffer würzen. Den traditionellen Riesling durch Grauburgunder ersetzen, damit die Soße nicht zu viel Säure hat. Etwas abgeriebene Zitronenschale verleiht dem Fond Frische.

Nun die Fischstücke hineinlegen und diese bei ganz sanft köchelnder Soße etwa fünf Minuten garen. Zum Schluss die Steinchampignons dazugeben und alles mit klein gehackter Petersilie bestreuen.

Bandnudeln oder Pellkartoffeln sind die besten Beilagen.

Zutaten für vier Personen

- 1 kg Filets von verschiedenen Süßwasserfischen
- 3 Schalotten
- 1 Lorbeerblatt
- 200 g Steinchampignons
- ½ Bund glatte Petersilie
- 1 gehäufter TL abgeriebene Zitronenschale
- ½ l trockener, nicht zu säurebetonter Weißwein
- 1 Schuss Wasser
- 250 g Sahne
- Salz und Pfeffer
- Butter und Öl zum Andünsten und Braten

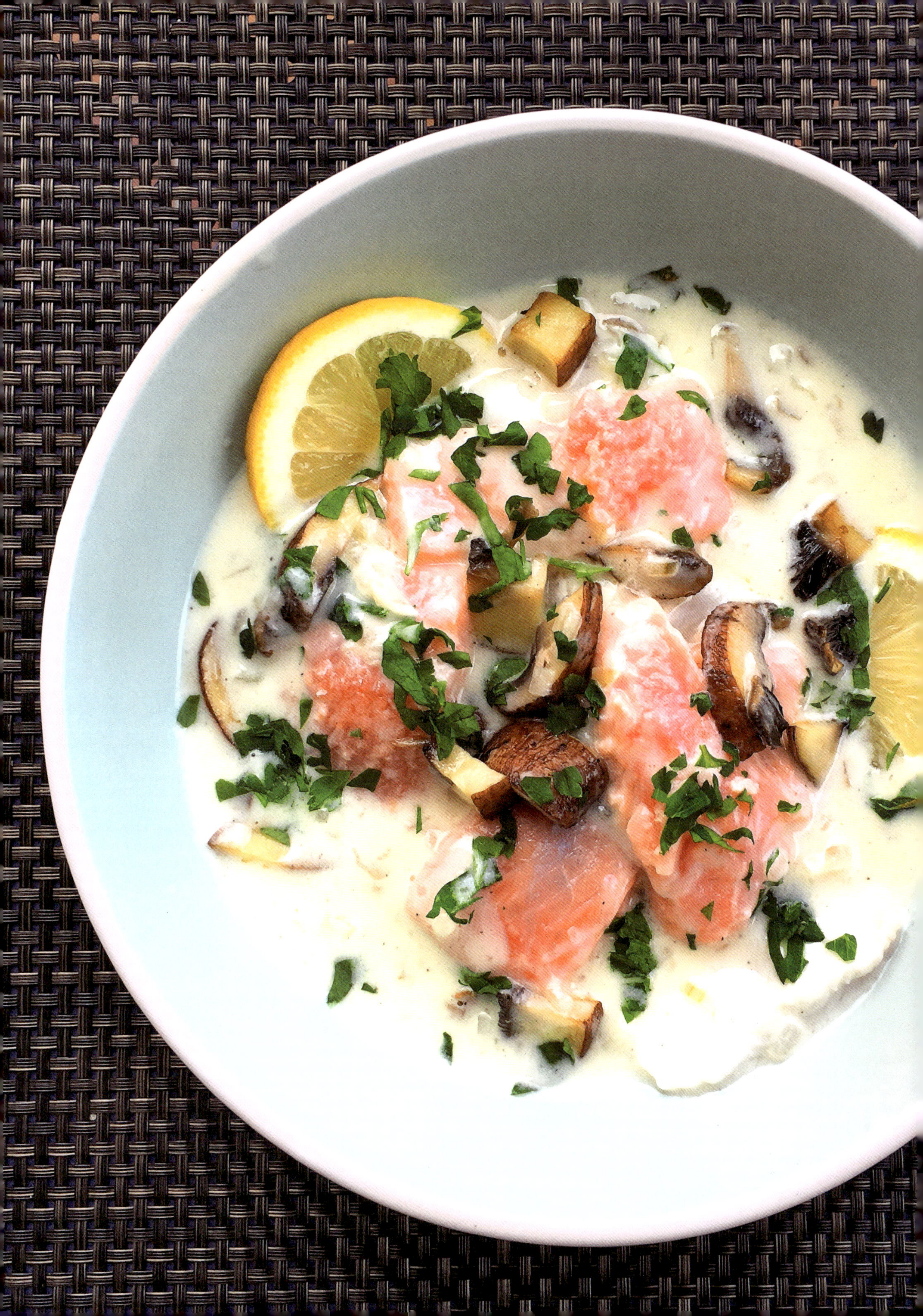

Piccata mit Fisch

Piccata Milanese ist ein weltweit beliebter Klassiker der italienischen Küche. In einer würzigen Panade aus Ei und Parmesan goldgelb ausgebackene Schnitzel vom Kalb werden mit Spaghetti und Tomatensoße serviert. Für Freunde der fleischlosen Küche habe ich das Rezept mit Fisch ausprobiert – zur allgemeinen Zufriedenheit.

Jede Fischsorte mit fester Struktur eignet sich für dieses Gericht. Filets sollten es sein, möglichst ohne Haut. Für all diejenigen, die Fisch vor allem aus Gründen der Vernunft (gesund!) essen, ist das Rezept ideal. Denn hinter der Panade kann sich ein dezent schmeckender Fisch fast vollständig verstecken, bringt diese doch dank Parmesan-Käse ein durchaus kräftiges und eigenständiges Aroma mit. Vor allem Süßwasserfische wie Zander, Felchen oder Kretzer sind hier die erste Wahl. Für alle anderen Fischliebhaber darf es auch ein kräftiger Seefisch sein wie Seeteufel, Seelachs oder Steinbeißer.

Filets kalt abwaschen und trockentupfen. Wenn die Ware top frisch ist, kann man auf das Beträufeln mit Zitronensaft verzichten. Zunächst die Filets in Mehl wenden. Da die Mehlschicht nur hauchdünn sein sollte, die Filets abklopfen, damit überschüssiges Mehl abfällt. Filets in der Panade wenden.

Panade: Fein geriebenen Parmesan mit den Eiern gut verquirlen. Salz bringt schon der Käse mit, wenn überhaupt, dann nur noch vorsichtig salzen. Dafür darf kräftig gepfeffert werden.

Die Filets in der Pfanne goldgelb ausbacken. Ein Filet, zwei Zentimeter dick, braucht pro Seite nicht mehr als zwei Minuten. Die fertig gebackenen Filets kurz auf Küchenpapier legen, so kann überflüssiges Fett abtropfen. Das ist besser, als wenn es auf dem Teller landet.

Zum Ausbacken nehme ich hier ausnahmsweise mal kein Olivenöl, sondern Butterschmalz. Butterschmalz hat den Vorteil, dass man es wesentlich höher erhitzen kann (es eignet sich sogar zum Frittieren) als schiere Butter, und trotzdem kommt der feine Geschmack der Butter ans Essen. Und dieser Buttergeschmack passt bei diesem Gericht ausgesprochen gut.

Butterschmalz ist geklärte Butter, der man in einem natürlichen, vorsichtigen Prozess der Erwärmung sowohl Wasser als auch Milcheiweiß und Milchzucker entzogen hat. Diese drei Bestandteile sind dafür verantwortlich, dass normale Butter schon bei geringfügiger Erhitzung spritzt (Wasser) und schnell verbrennt (Eiweiß und Zucker). Bitte nicht verwechseln mit Butteröl oder Butterfett. Dies sind geschmacklich eher fragwürdige Produkte der Nahrungsmittelindustrie.

Beliebt, vor allem in der ayurvedischen Küche, ist auch das aus Indien stammende Ghee, ebenfalls ein Butterschmalz. Für die Ghee-Herstellung gibt es etliche unterschiedliche Verfahren, die auch ganz unterschiedliche Ausprägungen beim Geschmack zur Folge haben. Wer hier auf Nummer sicher gehen will, muss ausprobieren.

Als Beilage passen – ganz wie beim Original – Tomatensoße mit Spaghetti. Oder einfach ein Salat.

Zutaten für vier Personen

4 Fischfilets, je 150 g
etwas Zitronensaft
3 gehäufte EL Mehl
50 g frischer, fein geriebener Parmesan
2 Eier
Salz und Pfeffer
Butterschmalz zum Ausbacken

Rotbarbenfilets auf geröstetem Brot

Rotbarben werden meistens als Filets mit Haut angeboten. Ganze Fische zu kaufen ist auch nicht unbedingt empfehlenswert, denn man braucht schon Routine und das scharfe, lange Messer eines professionellen Fischverkäufers, um die recht kleinen Fische zu schuppen und so zu filetieren, dass schöne Stücke und keine zerrupften Teile dabei herauskommen.

Wer in Frankreich einkauft: Dort heißen sie »Filets de Rouget«. Die Filets sind nicht sehr groß aber auch nicht ganz billig, und sie haben einen kräftigen Geschmack, der leicht an Krustentiere erinnert. Top Frische ist bei ihnen oberstes Gebot.

Filets kalt abwaschen, gut abtrocknen, auf eine Arbeitsplatte legen, sanft salzen und leicht pfeffern und dann ganz dünn mit Mehl bestäuben. Am besten nimmt man dazu ein feines Teesieb, so bekommt man eine hauchdünne Mehlschicht am einfachsten und am sichersten hin. Die Filets umdrehen und die andere Seite genau so behandeln.

In einer Pfanne etwas Olivenöl erhitzen, aber nicht allzu stark. Man sollte eine beschichtete Pfanne nehmen, damit die Haut nicht kleben bleibt. Denn diese wird beim Braten nicht nur sehr schön und intensiv rot, sie schmeckt auch köstlich. Die Filets zunächst mit der Hautseite nach unten in die Pfanne legen und zwei bis drei Minuten braten, vorsichtig umdrehen und auf der anderen Seite ebenfalls zwei bis drei Minuten braten. Länger brauchen diese kleinen Fischchen nicht.

Es wird ganz speziell gewürzt. Dieser Vorschlag liest sich auf den ersten Blick vielleicht etwas verrückt. Aber meine Skepsis, die ich anfänglich auch hatte, wurde in einer südfranzösischen Fischkneipe im Handumdrehen zerstreut. Pro Filet ein bis zwei – mehr nicht, sonst wird es zu heftig – Lavendelblüten zwischen den Fingern zerreiben und auf die Hautseite des Filets streuen. Dieses Aroma, das sich durch die Wärme zusätzlich entfaltet, passt wunderbar zu dem herzhaften Fischgeschmack.

Zwischendurch – oder am besten vor dem Braten der Filets, weil das ja so schnell geht – pro Filet eine Scheibe Baguette im Toaster rösten. Das Brot schräg anschneiden, dann passt der Fisch besser darauf. Knoblauchzehe schälen, in der Mitte quer durchschneiden, mit der Schnittfläche leicht über das geröstete Brot reiben. Das bringt genau so viel Knofel aufs Brot, dass es gut, aber nicht penetrant schmeckt.

Pro Person zwei Brotscheiben mit der Knofelseite nach oben auf einen Teller legen, mit Olivenöl beträufeln und mit grobem Meersalz würzen. Nun wird auf jede Brotscheibe ein gebratenes Filet gelegt. Zum Schluss noch mit fein gehackter Petersilie garnieren – und fertig ist ein leichter Zwischengang, der an den vergangenen Urlaub im Süden erinnert oder Lust auf den nächsten dort macht.

Zutaten für vier Personen

8 kleine, frische Rotbarbenfilets
Salz und Pfeffer
etwas Mehl
einige Lavendelblüten
1 Bund glatte Petersilie
Olivenöl zum Braten

8 Scheiben Baguette
1 Knoblauchzehe
Olivenöl
grobes Meersalz

Zucchini-Spaghetti Vongole

Dies ist eine besonders leichte und schlanke Variante der Spaghetti Vongole, ideal für die ganz heißen Tage. Das Besondere: Etwa die Hälfte der sonst üblichen Spaghettimenge wird durch hauchdünne Zucchinistreifen ersetzt. Und bei der Soße muss das Olivenöl zugunsten von zwei Esslöffeln fettarmem Frischkäse weichen. Getoppt wird alles von einem gebratenen Rotbarbenfilet.

Vongole – es gibt die kleinen, die kaum größer sind als eine 20-Cent-Münze, und die großen, die Vongole Verace – werden so wie Miesmuscheln zubereitet. Vongole im Spülbecken mit kaltem Wasser gründlich abbrausen. Exemplare, die nach dieser Prozedur nicht geschlossen sind, aussortieren. Eine in feine Scheiben geschnittene Frühlingszwiebel mit Weißwein, Wasser (halbe-halbe) und einem

Schuss Noilly Prat (Wermut) in einem großen Topf ein paar Minuten aufkochen. Muscheln reingeben und Deckel drauf, volle Hitze, gelegentlich schütteln, und nach fünf Minuten ist alles fertig. Mit der Siebkelle die Muscheln herausnehmen. Diejenigen, die sich nicht geöffnet haben, taugen nichts und kommen in den Abfall.

In die Kochbrühe der Muscheln zwei gehäufte Esslöffel Frischkäse (Magerstufe, ca. 3%) mit dem Schneebesen einrühren. Soße mit abgeriebener Zitronenschale, Salz und Pfeffer würzen.

Die Zucchini – je kleiner, fester und schlanker sie sind, umso besser – mit dem Gemüseschäler der Länge nach in dünne Streifen schneiden und der Länge nach halbieren. Eine Knoblauchzehe fein hacken, zwei Frühlingszwiebeln in dünne Scheiben schneiden.

In einer Pfanne etwas Olivenöl erhitzen. Darin zunächst die Zucchini-Streifen kurz anbraten. Sobald sie etwas Farbe angenommen haben, Frühlingszwiebeln und Knoblauch dazugeben. Diese braten kurz mit, bis sie goldgelb, aber auf gar keinen Fall braun oder gar schwarz sind.

Zwischendurch die Spaghetti al dente kochen.

Und nun geht es schon auf die Zielgerade: Spaghetti, Zucchini und die Vongole in eine Pfanne mit hohem Rand oder in einen weiten Kochtopf geben, Muschelfond dazu gießen, die grob geschnittenen Kräuter (Dill, Petersilie und Minze) hineinstreuen, Deckel drauf und alles bei mittlerer Hitze abschließend erwärmen.

Zwischenzeitlich die Rotbarbenfilets braten: Filets abwaschen, trockentupfen, salzen, pfeffern und mit Mehl leicht bestäuben. In einer Pfanne von beiden Seiten kurz anbraten (maximal zwei Minuten pro Seite). Das Bestäuben mit Mehl ist wichtig, da sonst die schöne rote Haut der Rotbarben unerbittlich in der Pfanne kleben bleibt.

Zucchini, Spaghetti und die Vongole auf vorgewärmte Teller schöpfen, mit dem Fond begießen und die gebratenen Rotbarbenfilets dazulegen.

Zutaten für vier Personen

1 kg Vongole Verace
4 Rotbarbenfilets

4 kleine, schlanke, feste Zucchini
3 Frühlingszwiebeln
1 Knoblauchzehe
½ Bund glatte Petersilie
½ Bund Dill
½ Bund Minze
Abrieb von 1 Bio-Zitrone
2 gehäufte EL Frischkäse (Magerstufe, ca. 3%)

0,2 l trockener Weißwein
0,2 l Wasser
1 Schuss Noilly Prat (Wermut)
Mehl
Salz und Pfeffer
Öl zum Braten

250 g Spaghetti

FANGFRISCHE
OBERLINDEN-
HÜHNER

Stück 20 Eiro

Geflügel

Kräuterhähnchen mit Sommergemüse-Salat

Auf unseren Märkten finden wir im Sommer fast alle mediterranen Gemüse, die wir für unseren Salat brauchen, aus einheimischem Anbau. Vor allem die farbliche und auch formale Vielfalt der Paprikaschoten, die auf den Äckern der Region heranwachsen, wird immer beeindruckender. Vom Geschmack ganz zu schweigen! Dagegen verbreitet das in Plastik eingeschweißte, uniforme gelb-rot-grüne Trio aus Südspanien nur die pure Langeweile. Für Auberginen gilt Ähnliches.

Gemüse putzen und in nicht zu dünne Scheiben oder Stücke schneiden. In einer großen Pfanne in Olivenöl rund zehn Minuten lang anbraten. Dabei dürfen sie ruhig etwas Farbe annehmen, ohne schwarz zu werden. Salzen und pfeffern. Das Gemüse, das noch etwas Biss haben darf, beiseitestellen.

Couscous nach den Angaben auf der Packung zubereiten. Je nach Körnung und Qualität variiert die Zeit, die er zum Garen beziehungsweise zum Ausquellen benötigt, erheblich. Mit Salz, Pfeffer und Zitronensaft abschmecken und Olivenöl untermischen. Ebenfalls beiseitestellen.

Vinaigrette: Mit Essig, Öl, Salz, Pfeffer und einer Handvoll kleingehackten Basilikumblättern eine glatte Vinaigrette anrühren. Beiseitestellen.

Damit das Hähnchen nicht nur dem Namen nach ein Kräuterhähnchen ist, sondern auch so schmeckt, würzen wir es mit Kräutern, die unter die Haut gesteckt werden. Das ist nicht kompliziert, denn mit einem dünnen und spitzen Messer kann man problemlos zwischen Haut und Fleisch hineinfahren. In diesen »Gang« stecken wir einige Kräuter, z. B. Rosmarin, Thymian, Salbei, Oregano oder andere aromatische Dinge, auf die wir gerade Lust haben. Am besten funktioniert das mit Kräuterstängeln. Ob wir Hähnchenschlegel oder Bruststücke nehmen, ist Geschmacksache, auf jeden Fall sollte die Haut noch dran sein.

Hähnchenteile ringsum mit Salz, Pfeffer und weiteren kleingehackten Kräutern (oder man nimmt gleich Kräutersalz) kräftig einreiben. Dann die Hähnchenteile knusprig braten. Das kann man in der Pfanne oder im Backofen machen. Letztere Variante hat den Vorteil, dass der Herd nicht verspritzt wird. Die Hähnchen mit Öl einpinseln und mit der Hautseite nach oben auf ein Backblech legen. Den Backofen auf 200 Grad vorheizen und die Teile darin je nach Größe und Dicke 15 bis 20 Minuten (Brustfilets) oder 30 bis 40 Minuten (Schlegel) bei Ober- und Unterhitze (mittlere Einschubleiste) garen. Zum Schluss sollte die Haut knusprig und braun sein. Gegebenenfalls den Grill zuschalten.

Kurz vor Ende der Garzeit das Gemüse mit dem Couscous vermischen und in der Pfanne erwärmen. Zumindest lauwarm sollte es sein. Dann wird die Vinaigrette daruntergemischt.

Gemüse-Couscous-Mischung auf jeden Teller geben und ein Hähnchenteil darauflegen.

Zutaten für vier Personen

4 Hähnchenschlegel
oder -brustfilets mit Haut
Kräuterstängel (Rosmarin, Thymian,
Salbei, Oregano)
Salz, Pfeffer
Kräuter oder Kräutersalz
Olivenöl

Gemüsesalat
800 g Gemüse (Paprikaschoten,
Auberginen, Zucchini)
Salz und Pfeffer
Öl zum Braten

250 g Couscous
Salz und Pfeffer
2 EL Zitronensaft
3 EL Olivenöl

Vinaigrette
3 EL Weißweinessig
5 EL Olivenöl
1 Handvoll Basilikumblätter
Salz und Pfeffer

Canard à l'Orange

Canard à l'Orange ist ein Klassiker der französischen Festtagsküche. Da sich viele jedoch scheuen, zuhause einen kompletten Vogel ins Backrohr zu schieben, nehmen wir Entenbrustfilets. Damit ist auch das uralte Problem erledigt, die Garzeit so genau zu justieren, dass die Schlegel durchgebraten sind, das Brustfleisch aber noch saftig ist. Pro Person ein Brustfilet ist üppig. Bei einem mehrgängigen Menü reichen drei Stück für vier Personen.

Das Fleisch wird einen Tag lang mariniert. Die Marinade besteht aus dem Saft von zwei Orangen, etwas abgeriebener Orangenschale oder Orangenzesten (nicht mehr als vom Viertel einer Orange), einem kleinen Stück geriebenem Ingwer und einem Lorbeerblatt. Fleisch und Marinade in einen Tiefkühlbeutel geben, gut durchkneten, damit die Marinade überall hinkommt, im Kühlschrank 24 Stunden marinieren lassen.

Das Fleisch mindestens eine Stunde vor der Weiterverarbeitung aus dem Kühlschrank nehmen, damit es Zimmertemperatur annimmt. Die Marinade auffangen und zusammen mit einem guten Schuss Portwein, einem kleinen Schuss Balsamicoessig, einem Viertelliter Hühnerbrühe und einem gestrichenen Esslöffel Zucker um etwa ein Drittel einkochen lassen. Lorbeerblatt entfernen. Wenn nötig, diese Soße mit etwas Stärke (allenfalls ein Teelöffel) abbinden.

Die Brustfilets abwaschen (wenn noch Zesten drankleben, könnten diese beim Braten bitter werden), mit Küchenpapier gut trocknen, mit Öl einpinseln, salzen, pfeffern und in der sehr heißen Pfanne auf jeder Seite vier Minuten braten. Die Filets aus der Pfanne nehmen, in Alufolie einschlagen und zehn Minuten im auf 100 Grad vorgeheizten Backofen ruhen und nachziehen lassen. Das Ergebnis: Innen ist das Fleisch sehr gut rosa, vielleicht noch leicht blutig. Wer das nicht mag, erhöht die Bratzeit in der Pfanne pro Seite um eine Minute.

Bratensaft, der sich in der Alufolie gesammelt hat, zur Soße gießen. Das Fleisch in zwei Zentimeter dicke Scheiben schneiden, mit der Soße überziehen und sofort auf vorgewärmten Tellern servieren.

Blumenkohlpüree: Blumenkohl in seine Röschen zerlegen, in Salzwasser weichkochen, abschütten, pürieren und mit einem halben Becher Sahne, einem Esslöffel Butter, Salz, Pfeffer und Muskatnuss abschmecken.

Gebratenes Gemüse: Karotten, Petersilienwurzeln und Pastinaken putzen, in kleine Stifte schneiden, mit etwas Salz und einem Schuss Olivenöl in einer Schüssel vermengen, so dass das Gemüse ringsum eingeölt ist. Das Gemüse auf einem Backblech verteilen und im auf 220 Grad vorgeheizten Backofen etwa eine halbe Stunde braten, bis es etwas Farbe annimmt.

Zutaten für vier Personen

3–4 Entenbrustfilets
Saft von 2 Orangen
¼ Orange, abgeriebene Schale oder Zesten
1 Lorbeerblatt
1 daumengroßes Stück Ingwer
1 Schuss Portwein
1 Schuss Balsamicoessig
¼ l Hühnerbrühe
Zucker
Salz und Pfeffer
Öl zum Braten

Blumenkohlpüree
1 Blumenkohl
Salz und Pfeffer
Muskat
½ Becher Sahne
1 EL Butter

Schmorgemüse
600 g (Karotten, Petersilienwurzeln und Pastinaken)
Salz
Olivenöl

Ganzes gefülltes Hähnchen

Wir brauchen ein wirklich gutes Brathähnchen mit einem Gewicht von mindestens eineinhalb Kilogramm, sonst lohnt der ganze Aufwand nicht.

Neben der guten Fleischqualität ist die Füllung die Hauptsache. Hierzu zwei altbackene Brötchen vom Vortag (einfache Wasserweckle, Vollkorn eignet sich nicht so gut) in kleine Würfel schneiden – maximal Zuckerwürfelgröße. Die Brotwürfel in eine Schüssel geben und mit der heißen Milch übergießen. Umrühren und einen Deckel auf die Schüssel geben, damit das Brot durchzieht.

Die Schalotten sehr fein würfeln und in einer Pfanne in etwas Butter glasig andünsten. Während der letzten Minute die fein gehackte Petersilie dazugeben und mitdünsten. Zu den Brotwürfeln geben und vermischen. Wer getrocknete Pilze hat: perfekt. Im Mörser fein zerstoßen und dazugeben. Nun kommt noch ein ganzes rohes Ei dazu. Mit Salz, Pfeffer und geriebener Muskatnuss herzhaft würzen und alles gut vermischen.

Das Hähnchen kalt abwaschen und trockentupfen. Den Bürzel wegschneiden. Dessen Fett schmeckt eher komisch und bereichert den Gesamtgeschmack nicht. Das Hähnchen außen mit Rosenpaprika einreiben, innen salzen und pfeffern. Und die Füllung hineinschieben. Zum Schluss mit ein paar Zahnstochern die Öffnung so gut es geht verschließen. Wenn beim Braten die Füllung etwas herausquillt, ist das kein Beinbruch. Mit Küchengarn die Beine und Flügel anbinden, sonst spreizen sie sich beim Braten ab und werden zu dunkel.

Hähnchen mit Öl leicht einpinseln, in einen Bräter legen, etwas Weißwein angießen, allenfalls einen Zentimeter hoch, und in den auf 200 Grad vorgeheizten Backofen schieben (Ober- und Unterhitze, mittlere Einschubleiste). Das Hähnchen mit der Brust nach unten in den Bräter legen, so bleiben die Filets saftiger. Nach 75 Minuten (bei 1,3 Kilogramm Gewicht) ist das Hähnchen fertig.

Herausnehmen und mit einer Geflügelschere tranchieren. Da das auch dem Profi nicht in einer Minute von der Hand geht, kühlt alles ein bisschen ab. Deshalb lege ich die Teile (Haut nach oben) mitsamt der Füllung zurück in den Bräter und schiebe alles noch mal für zwei, drei Minuten in den Backofen unter den Grill.

Falls die Füllung nicht komplett in das Hähnchen passt: Den Rest zu einem Knödel formen, in Alufolie wickeln und während der letzten halben Stunde in den Bräter legen.

GEFLÜGEL

Zutaten für vier bis sechs Personen

1 Hähnchen mind. 1,5 kg
2 altbackene Wasserweckle
100 ml Milch
1–2 Schalotten
½ Bund glatte Petersilie
Butter zum Andünsten
1 EL getrocknete Pilze
1 Ei
Salz und Pfeffer
Muskat
Rosenpaprika
Öl
1 Schuss trockener Weißwein

Holzzahnstocher
Küchengarn

Gefüllte Poulardenbrust mit Gemüse

Gerichten mit Hähnchen- oder Poulardenbrust geht der Ruf der gepflegten Langeweile voraus. Und das ja nicht ganz zu Unrecht. Man muss sich würzmäßig also schon etwas einfallen lassen, damit Pep an ein solches Essen kommt. Eine gute Möglichkeit ist es, dabei mit einer Füllung zu arbeiten. Dann wirken die Gewürze nicht nur an der Oberfläche, sondern das ganze Fleischstück hat etwas davon.

Dabei muss so eine Füllung überhaupt nicht kompliziert und aufwändig sein. Es genügt schon, wenn man zwei, drei Scheiben würzige Wurst, wie beispielsweise von der spanischen Paprikawurst Chorizo, oder eine dünne Lage kräftigen Schinken ins Zentrum des Brustfilets bugsiert.

Wenn es geht, sollte man Bruststücke mit Haut kaufen. Zwar ist die Haut nicht ganz mager und unter ihr ist auch noch eine Fettschicht verborgen, aber dafür bringt sie zusätzliches Aroma mit. Die Fleischstücke der Länge nach in der Mitte waagrecht einschneiden, etwa zu drei Vierteln, so dass man sie aufklappen kann. Die Innenflächen salzen, pfeffern, ganz dünn mit scharfem Senf bestreichen und mit einer Lage Wurst oder Schinken belegen. Zusammenklappen und entweder mit Holzzahnstochern fixieren oder mit Küchengarn zusammenbinden. Von außen salzen und pfeffern.

Wenn wir das Fleisch mit Küchengarn zusammenbinden, dann sollten wir diese Gelegenheit nutzen und mit dem Garn auch gleich noch ein paar würzige Blätter oder Kräuter aufs Fleisch binden, zum Beispiel Salbeiblätter oder kleine Rosmarinzweige.

In einer Pfanne die Bruststücke in heißem Öl auf jeder Seite drei bis vier Minuten anbraten. Danach mit der Haut nach oben auf ein Backblech legen und das Fleisch im auf 180 Grad vorgeheizten Backofen (Ober- und Unterhitze, mittlere Einschubleiste) 20 Minuten lang fertig garen.

Die auf diese Weise vorbereiteten Fleischstücke eignen sich auch gut zum Braten auf dem Grill, vorausgesetzt, die Hitze ist nicht allzu brutal.

In der Zwischenzeit bereiten wir ein Potpourri aus Sommergemüsen zu, das bestens dazu passt. Alle Gemüse putzen, in mundgerechte Stücke schneiden und – mit Ausnahme der Tomatenstücke – getrennt al dente garen. Zusammen mit dem Hühnerfond und dem Weißwein in einen Topf geben, mit Salz, Pfeffer, etwas Zitronensaft, einer Prise Zucker, einem Lorbeerblatt und ein bisschen Thymian würzen. Dann die Gemüsestücke noch fünf Minuten in diesem Fond ziehen lassen. Wenn wir auch gleich noch ein paar von den kleinen, festen Kartoffeln aus der neuen Ernte mit ins Gemüse geben, dann haben wir die Beilagen-Frage komplett erledigt. Das Gemüse-Potpourri darf ganz leicht suppig sein.

Zutaten für vier Personen

4 Hähnchen- oder Poulardenbrüste möglichst mit Haut
8 dünne Scheiben spanische Paprika-Wurst (Chorizo)
oder 4 dünne Scheiben
geräucherter Schwarzwälder Schinken
scharfer Senf
Salz und Pfeffer
8 Salbeiblätter oder 8 kleine Rosmarinzweige
Küchengarn

1 kg bunt gemischtes Gemüse (kleine Möhren,
Fenchel, Tomaten, kleine Kartoffeln, Zucchini,
Bohnen, Erbsen)
Salz und Pfeffer
1 Lorbeerblatt
1 Prise Zucker
2 Zweige Thymian
etwas Zitronensaft
100 ml Geflügelfond
1 Schuss trockener Weißwein

> Mitte Vierzig ist mir dann plötzlich die Brust in den Bauch gerutscht.

Hühnerbrühe

Eine große Vorratshaltung in der Küche betreibe ich nicht. Dringenden Handlungsbedarf sehe ich allerdings dann, wenn im Tiefkühler der Vorrat an selbstgekochter und eingefrorener Hühnerbrühe zur Neige geht.

Hühnerbrühe ist ein derartiger Allrounder, dass man immer einen Bestand von ein bis zwei Litern zur Hand haben sollte. Fast überall dort, wo man gewohnheitsgemäß mit Wasser ablöscht, ist ein Schöpfer Brühe die schmackhaftere Variante. Risotto »ohne« geht gar nicht. Dass ein Teller heiße Hühnersuppe bei Erkältungen therapeutische Wirkung entfaltet, ist keine Einbildung, sondern erwiesen. Ein Tässchen zum Frühstück ist so gut wie Miso-Suppe, und vor dem Schlafengehen entspannt sie mindestens so erfolgreich wie Verveinetee.

Die Herstellung ist ein Kinderspiel und das Ergebnis ist garantiert frei von irgendwelchen Zusatzstoffen und Geschmacksverstärkern, und sei es auch nur Hefeextrakt.

Grundvoraussetzung: Ein veritables Suppenhuhn, das man oft vorbestellen muss, denn die Nachfrage scheint nicht übermäßig zu sein. Ein Hähnchen ist kein Ersatz, es hat nicht den typischen Geschmack. Ferner brauchen wir: eine mittelgroße Karotte, das Weiße von einer kleinen Lauchstange, eine kleine Zwiebel, zehn Zweige Petersilie (wenn die Wurzel mit dran ist, kommt diese auch in den Topf), Knollensellerie (etwa 200 Gramm, geputzt), ein Lorbeerblatt, ein paar Pfefferkörner, drei bis vier angedrückte Wacholderbeeren, ein Teelöffel Salz. Alle Gemüse putzen und grob würfeln. Und wir brauchen einen Topf, der dreieinhalb bis vier Liter fasst.

Zutaten für 2–3 l Brühe

- 1 großes Suppenhuhn
- 1 mittelgroße Karotte
- 1 kleine Lauchstange
- 200 g Sellerieknolle
- 1 kleine Zwiebel
- 10 Stängel Petersilie
- 8 Pfefferkörner
- 3–4 Wacholderbeeren
- 1 Lorbeerblatt
- 1 TL Salz

Das Suppenhuhn innen und außen mit kaltem Wasser abbrausen. Den Bürzel großzügig wegschneiden, denn: Das Bürzelfett schmeckt manchmal eigenartig und kann das Aroma der Suppe ungut beeinflussen.

Alles in den Topf geben, mit kaltem Wasser auffüllen, einmal kräftig sprudelnd aufkochen und dann rund zwei Stunden auf kleiner Flamme vor sich hin köcheln lassen. Wenn das Huhn am Stück im Topf zu sperrig ist, wird es zerlegt. Zu Beginn etwas stärker und dann mit der Zeit nachlassend bildet sich ein bräunlicher Schaum an der Oberfläche. Den sollte man immer wieder mal mit einer Siebkelle so gut es geht abschöpfen.

Nach rund zwei Stunden ist die Suppe fertig. Das Huhn hat seine Schuldigkeit getan. Nur wenn man ohne Wenn und Aber der Meinung ist, dass, wenn schon ein Tier geschlachtet wird, auch wirklich alles ratzekahl verwertet werden muss, kann man das Fleisch von den Knochen abfieseln und dann – unter Verwendung der Brühe – eine helle Soße (Béchamelsoße) anrühren, die das ausgelaugte Fleisch gnädig bedeckt.

Die Brühe durch ein feines Sieb gießen und portionsweise einfrieren.

Puristen klären die Brühe der Optik wegen mit Eiweiß. Ich mache das nicht. Denn die Meinung sensibler Gaumen, der Brühe werde neben ein paar Trübstoffen auch etwas Geschmack entzogen, ist nicht von der Hand zu weisen. Dann gieße ich die Suppe lieber durch ein geschmacksneutrales Mulltuch.

Zutaten für vier Personen

1 Putenoberkeule 1 kg
Salz und Pfeffer
scharfer Senf
einige Kräuterstängel (Rosmarin, Thymian)
Knoblauch
Chili- oder Paprikapulver
Öl
¼ l trockener Weißwein
2 Schnapsgläser Wermut, Portwein oder Sherry

500 g Tomaten
500 g Paprikaschoten
200 g grüne Bohnen

Baguette oder Kartoffeln

Putenkeule mit Gemüse

Eine Putenkeule ist ein schmackhaftes Stück Fleisch. Die Vorbehalte, die manche wegen der Zuchtmethoden gegen dieses Geflügel haben, erledigen sich ziemlich schnell, wenn man zur Bio-Ware greift. Zusammen mit sonnenreifen Tomaten und Paprikaschoten aus der Region ergibt sich ohne großen Aufwand ein Essen, das so richtig satt nach Spätsommer schmeckt.

Für vier Personen ist die Oberkeule einer Pute mit einem Gewicht von gut einem Kilogramm vollkommen ausreichend. Meist bekommt man sie aufgeschnitten, so dass sie wie ein großes flaches Stück vor uns liegt. Das erleichtert schon mal die ersten Arbeitsschritte: Die Innenseite salzen, pfeffern und dünn mit scharfem Senf bestreichen. Je nach persönlichem Geschmack in feine Scheiben geschnittene Knoblauchzehen sowie Rosmarin, Thymian oder ein anderes würziges Kraut darauf verteilen.

Nun klappt oder rollt man das Fleischstück so gut es geht zusammen und bindet es mit Küchengarn zu einer Rolle. Die Hautseite außen etwas salzen und pfeffern, mit einem Hauch Chili- oder Paprikapulver zusätzlich würzen und mit Öl leicht einpinseln.

Das Stück in eine ausreichend große Bratform legen. Tomaten je nach Größe halbieren oder vierteln. Paprikaschoten vierteln und von Strunk und Kernen befreien. Alles gleichmäßig rings um das Bratenstück legen. Einen guten Schuss trockenen Weißwein, ein bisschen Wermut, Portwein oder Sherry (die nicht total trocken sein müssen, eine leichte Süße macht sich sogar recht gut) zugießen, zusammen etwa so viel, dass die Flüssigkeit knapp einen Zentimeter hoch im Bräter steht.

Bräter in den auf 180 Grad vorgeheizten Backofen (Ober- und Unterhitze, mittlere Einschubleiste) schieben. Die Garzeit beträgt eineinhalb Stunden. Das Einzige, was gelegentlich kontrolliert werden sollte, ist der Flüssigkeitsstand. Auf jeden Fall kocht sich ohne weiteres Zutun aus dem Gemüse und dem Fleisch ein wunderbar schmackhafter Sud heraus, der vielleicht noch etwas Salz braucht, ansonsten aber keine weiteren kochtechnischen Maßnahmen erfordert, sondern einfach so super schmeckt.

Während das Fleisch gart, kochen wir grüne Bohnen in gut gesalzenem Wasser weich. Sie werden zehn Minuten vor Ende der Garzeit im Bräter verteilt – und fertig ist das Essen. Vielleicht schaltet man zum Schluss noch den Grill dazu, damit die Haut schön knusprig wird.

Als Beilage bin ich mit einem Stück Baguette vollauf zufrieden. Oder man kocht noch Kartoffeln weich, die – in den Sugo gedrückt – ganz ausgezeichnet schmecken.

Maishähnchen mit Morchelrahmsoße

Maishähnchen in Morchelrahmsoße ist ein Bistrot-Klassiker – einfach zu kochen, toll im Geschmack.

Morcheln in einer Schale in lauwarmem Wasser einweichen. Hähnchen zerlegen: Brustfilets und Keulen abtrennen, die Keulen am Gelenk halbieren. Die Karkasse kommt mit einer Handvoll Suppengemüse, ein paar Pfefferkörnern und etwas Salz in einen Topf. Wasser einfüllen, bis die Karkasse bedeckt ist, eineinhalb Stunden köcheln lassen, durch ein Sieb abgießen, und so haben wir nebenbei eine gute Brühe, die uns auch noch hilft, die Soße zu verfeinern.

Die Hähnchenteile mit Salz und Pfeffer einreiben und mit Olivenöl einpinseln. Zunächst nur die Keulen mit der Hautseite nach oben in einen Bräter legen. Das geputzte und in nicht zu kleine Stücke geschnittene Schmorgemüse (Lauch, Sellerie, Schalotten) darum herum verteilen, etwas Weißwein (allenfalls einen halben Zentimeter hoch) angießen, und in den auf 220 Grad vorgeheizten Backofen (Ober- Unterhitze, mittlere Einschubleiste) schieben und 45 Minuten garen. Nach einer halben Stunde die Temperatur auf 200 Grad zurückdrehen und die Brustfilets dazulegen, sie sind in einer Viertelstunde gar. Vielleicht etwas Wein nachgießen. Die Haut sollte gut gebräunt und knusprig werden. Falls nötig, zum Schluss noch kurz den Grill zuschalten.

Soße: Eine Schalotte klitzeklein würfeln und in einer Pfanne in Butter sanft dünsten – nur glasig bis allenfalls goldgelb. Die Morcheln aus dem Einweichwasser nehmen, kurz abbrausen (Sandreste!), je nach Größe halbieren oder vierteln, zu den Schalotten dazugeben und eine Minute mitdünsten. Mit zwei Schöpfkellen Brühe ablöschen, einen Achtelliter Weißwein und einen Schuss Süßwein dazugeben und um ein Drittel einkochen lassen. Dann das Einweichwasser der Morcheln dazu schütten (durch ein feines Sieb, Sand!), die Sahne dazugeben, mit Salz, Pfeffer und einem Spritzer Zitronensaft abschmecken und gegebenenfalls noch ein bisschen weiter reduzieren oder mit etwas Brühe verlängern, ganz nach Bedarf. Oder mit etwas Speisestärke abbinden.

Als Beilage eignet sich ein mit reichlich Butter aufgeschlagenes Kartoffelpüree (zur Morchelrahmsoße optimal), ein Kürbispüree oder beides kombiniert. Auch die Schmorgemüse kommen auf den Teller. Und der Sud, der sich beim Schmoren des Hähnchens ergeben hat, kann gleich noch in die Soße gerührt werden.

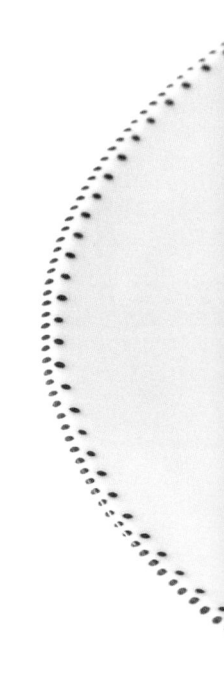

Zutaten für vier Personen

1 großes Maishähnchen
Salz und Pfeffer
Olivenöl
etwas Weißwein
1 kleine Stange Lauch
1 Stück Sellerieknolle
2 Schalotten

Brühe
1 Handvoll Suppengemüse
(Karotte, Lauch, kleine Zwiebel)
Pfefferkörner

Soße
10 g getrocknete Morcheln
1 kleine Schalotte
2 EL Butter
⅛ l Weißwein
1 Schuss Süßwein
etwas Zitronensaft
½ Becher Sahne
Salz und Pfeffer

Wiener Backhendl

Die Wiener Küche versteht es ja nicht nur, Kalbsschnitzel auf unübertroffene Weise goldgelb paniert auf den Tisch zu bringen. Auch beim Hähnchen passt diese wunderbare Verbindung von knuspriger Hülle und zartem, saftigem Fleisch einfach perfekt. Selbst kulinarisch eher langweilige und auch problematische Teile vom Hähnchen – wie die schnell zur Trockenheit neigenden Brustfilets – werden bei dieser Zubereitung zum Genuss.

Brust oder Keule einkaufen? Alle, die für mehr als nur zwei Personen kochen, kaufen sinnvollerweise gleich ein ganzes Hähnchen, zerlegen es in die Einzelteile und stecken die Karkasse mit etwas Suppengrün, einer kleinen Zwiebel, einem Lorbeerblatt und etlichen Pfefferkörnern in einen Topf. Wasser auffüllen, bis alles bedeckt ist, ein bisschen Salz dazugeben und eineinhalb Stunden sanft köcheln lassen. So bekommt man ein feines Süppchen gratis nebenbei.

Hähnchenteile (die Beine schneide ich am Gelenk durch, so sind sie handlicher) gut salzen, pfeffern und panieren: Zunächst in Mehl wenden, überschüssiges Mehl abklopfen, dann in einem verquirlten Ei und anschließend in Semmelbröseln wenden. Brösel mit der flachen Hand etwas andrücken.

Dies ist übrigens eine gute Gelegenheit, statt der üblichen Semmelbrösel einmal Panko auszuprobieren. Panko kommt aus der asiatischen Küche und besteht nur aus Weizenmehl, Hefe, Salz und Wasser. Aber es hat eine völlig andere Textur als unsere Brösel. Das merkt man schon beim Anfassen. Es fühlt sich gröber und härter an. Auf jeden Fall bekommt man eine Panade, die an Knusprigkeit, wie ich finde, nur schwerlich zu übertreffen sein dürfte.

Wie in Wien üblich, eine Halbe-Halbe-Mischung aus Butter und Öl in eine Pfanne geben, etwa einen Zentimeter hoch, erhitzen und die Hähnchenteile hineinlegen. Aber Vorsicht: Bis so ein Hähnchenschlegel durch ist, dauert das pro Seite gut und gerne 15 Minuten. Also deutlich länger als bei einem flach geklopften Schnitzel. Das bedeutet: Mit ganz, ganz sanfter Hitze starten. Wenn dann am Ende der Garzeit die Panade noch nicht braun genug ist, hat man immer noch genügend Zeit, zum Schluss noch für ein, zwei Minuten ordentlich Gas zu geben, um die finale Färbung zu erreichen. Brustfilets brauchen pro Seite etwa drei, vier Minuten weniger. Die fertig gebratenen Hähnchenteile kurz auf Küchenpapier legen, damit überschüssiges Fett weggeht.

Die klassische Wiener Beilage wäre Kartoffelsalat. Mit einem Greek Salad wird das Essen allerdings leichter, und der passt ebenfalls bestens dazu.

Vier bis fünf Tomaten grob würfeln, Salatgurke schälen und würfeln. Rote Zwiebel in sehr feine Scheiben schneiden. Glatte Petersilie, Majoran und etwas Dill grob hacken. Salzen, pfeffern, und alles mit einem gehäuften Esslöffel Kapern sowie einem guten Schuss Olivenöl vermischen. An Säure braucht es allenfalls ein paar Spritzer Zitronensaft. Oliven und Schafskäse, die eigentlich zwingende Bestandteile eines Greek Salad sind, lasse ich hier weg. Sie passen nicht so richtig zum Backhendl.

Alles mit gehackter Petersilie bestreuen und mit Zitronenschnitzen servieren.

Zutaten für vier Personen

1 ganzes Hähnchen oder 4 Hähnchenschlegel, wahlweise Brustfilets
Salz und Pfeffer
3 gehäufte EL Mehl
2 Eier
5 gehäufte EL Semmelbrösel oder Panko
reichlich Öl und Butter zum Braten

Greek Salad
4 Strauchtomaten
1 Salatgurke
1 mittelgroße rote Zwiebel
einige Stängel glatte Petersilie, Majoran und Dill
1 gehäufter EL Kapern
Salz und Pfeffer
Olivenöl
1 Spritzer Zitronensaft

einige Stängel glatte Petersilie
4 Zitronenschnitze

Friss was!
Du musst doch
groß und Steak
werden.

Fleisch

Kartoffel-Lauch-Schinken-Quiche

Mit dem Hinweis, das aufgetragene Essen sei der Resteverwertung geschuldet, löst man bei Tisch nur selten Begeisterungsstürme aus. Klingt ja auch irgendwie nach Resterampe. Deshalb spreche ich lieber von der kulinarisch stimmigen Zusammenführung von Lebensmitteln, die nur noch in solchen Mindermengen vorhanden sind, dass sie – einzeln verwendet – nicht mehr dazu taugen, vier Leute satt zu bekommen.

Da lagerten im Kühlschrank: zweieinhalb Scheiben gekochter Schinken vom Frühstück tags zuvor, zwei Stangen Lauch, zwei Kartoffeln, drei Eier, ein halber Becher Sahne und ein gut durchgehärtetes Stück Parmesan.

Kartoffeln in der Schale weichkochen, schälen und in dünne Scheiben schneiden. Vom Lauch das nicht mehr taufrische Grün wegschneiden, ebenso das Wurzelende. Die verbleibende helle Stange in nicht allzu dicke Scheiben schneiden. In einem Sieb gut abbrausen, um Reste von Gartenerde zu entfernen. Die Scheiben dann in der Pfanne mit Butter bei mäßiger Hitze zehn Minuten dünsten.

Schinken in dünne Scheiben schneiden. Eier mit der Sahne verquirlen, den Parmesan reiben, mit den verquirlten Eiern vermengen, salzen, pfeffern und mit Muskat würzen. Den Lauch mit dem Schinken vermischen.

Eine Form mit 26 Zentimetern Durchmesser mit Mürbeteig auslegen und einen rund drei Zentimeter hohen Rand bilden. Den Boden mit einer Gabel mehrfach durchstechen.

Den Boden mit den Kartoffelscheiben gleichmäßig belegen. Majoran – frisch oder getrocknet – auf die Kartoffelscheiben streuen. Die Lauch-Schinken-Mischung gleichmäßig auf den Kartoffelscheiben verteilen. Zum Schluss die Eier-Sahne-Mischung darüber gießen, so dass alles schön benetzt ist.

Die Quiche in den auf 200 Grad vorgeheizten Backofen (Ober- und Unterhitze, mittlere Einschubleiste) schieben und rund 40 Minuten backen.

Zum Mürbeteig: Wer keine Zeit hat, nimmt einen vorgefertigten von der Rolle. Genau hinschauen – es gibt gesalzenen und gezuckerten.

Den Mürbeteig selbst kneten, ist aber auch alles andere als ein Hexenwerk. Das Mehl (Dinkelmehl macht sich hier sehr gut) mit der in Stücke geschnittenen zimmerwarmen Butter, einer guten Prise Salz und dem Wasser mit den Händen zu einem glatten Teig gut verkneten. Aus dem Teig eine Kugel formen, diese in Küchenfolie wickeln und eine halbe Stunde in den Kühlschrank legen. Dann den Teig dünn auswellen.

Zutaten für vier Personen

2–3 Scheiben gekochter Schinken
2 Stangen Lauch
2 mittelgroße Kartoffeln (fest oder mehlig kochend)
3 Eier
½ Becher Sahne
50 g geriebener Parmesan (auch ein anderes Reststück Hartkäse kann gut verwendet werden)
Salz und Pfeffer
Muskat
Majoran
Butter zum Dünsten des Lauchs

Teig

1 Rolle vorgefertigter, gesalzener Mürbeteig
oder
200 g Dinkelmehl
100 g zimmerwarme Butter
2 EL kaltes Wasser
1 gute Prise Salz
Küchenfolie

Lauwarmer Rindfleisch-Spargel-Salat

Dieser Salat ist ein Hauptgericht. Zumindest dann, wenn man nicht nur ein Stück Baguette dazu isst, sondern eine schöne Portion Bratkartoffeln.

Wer die Ochsenbrust zusammen mit ein paar Knochen, zwei Lorbeerblättern, einer Karotte, einem Stück Lauch, einem halben Bund Petersilie, einem Stück Knollensellerie, einer Zwiebel, einer Knoblauchzehe und einem gehäuften Teelöffel Pfefferkörner selbst kocht, hat als höchst willkommenes Nebenprodukt zwei Liter feinste Fleischbrühe. Die Kochzeit für das Fleisch beträgt rund zwei Stunden, wobei das Wasser nicht wild aufkochen, sondern sanft vor sich hin simmern sollte. Ob das Fleisch gar ist, ermittelt man mit einer spitzen Gabel. Dringt sie leicht ins Fleisch ein, ist es fertig.

Die alte Streitfrage, ob das Fleisch ins kalte oder ins heiße Wasser kommt, ist schnell geklärt: Legt man Wert auf eine möglichst kräftige Brühe, gibt man es ins kalte Wasser. Dann wird das Fleisch schon beim langsamen Erhitzen des Wassers etwas besser ausgelaugt. Liegt der Fokus auf einem möglichst saftigen Stück Fleisch, legt man es ins kochende Wasser. Wir kombinieren beide Methoden: Die Knochen und alle anderen Zutaten werden ins kalte Wasser gegeben, das Fleisch kommt erst in den Topf, sobald das Wasser kocht.

Fleisch in kleine dünne Scheiben schneiden, in einen Topf geben und mit Brühe bedecken. So trocknet es nicht aus. In der Brühe wird es kurz vor dem Anrichten nochmal erwärmt.

Spargel – ich empfehle Spargelspitzen oder Bruch, denn in Stücke geschnitten wird er ohnehin – solange kochen, dass er etwas Biss hat. Die möglichst kleinen Bundmöhren putzen und ebenfalls al dente garen. Wenn vom Grün ein bisschen dranbleibt, ist das für den Geschmack ohne Bedeutung, aber es sieht schön aus.

Zuckerschoten in kochendem Wasser zwei Minuten garen und dann mit fließendem kaltem Wasser abbrausen. Rote Zwiebel schälen und in sehr feine Streifen schneiden. Die Radieschen putzen und in nicht zu dünne Scheiben scheiden.

Für die Kräutervinaigrette Senf, Essig, Fleischbrühe, Salz, Pfeffer und Zucker verrühren, bis sich der Senf aufgelöst hat, dann Öl zugeben. Petersilie, Schnittlauch und Liebstöckel fein schneiden und in die Vinaigrette einrühren.

Das Fleisch in der Brühe erhitzen, durch ein Sieb abschütten, mit allen Zutaten und der Vinaigrette locker vermengen und auf einer Platte anrichten.

Zutaten für vier Personen

1 kg leicht durchwachsene Ochsenbrust
1 Handvoll Rinderknochen
2 Lorbeerblätter
1 Karotte
½ Lauchstange
1 kleines Stück Knollensellerie
½ Bund Petersilie
1 kleine Zwiebel
1 Knoblauchzehe
1 gehäufter TL Pfefferkörner

500 g Spargelspitzen oder Spargelbruch
½ Bund Möhren
100 g Zuckerschoten
1 kleine rote Zwiebel
½ Bund Radieschen

Vinaigrette
1 gehäufter TL scharfer Senf
3 EL Essig
3 TL Fleischbrühe
Salz und Pfeffer
1 Prise Zucker
5 EL Olivenöl
½ Bund Petersilie
½ Bund Schnittlauch
½ Bund Liebstöckel

Kalbshaxe mit Vinaigrette

Dies ist eine zitronenfrische, sommerlich leichte Variante des italienischen Klassikers Ossobuco. Zudem kommt dieses Essen nicht kochend heiß auf den Tisch, sondern nur gut erwärmt.

Wir brauchen pro Person ein bis zwei dicke (vier bis fünf Zentimeter) Beinscheiben von der Kalbshaxe. Die Anzahl hängt von ihrer Größe ab und davon, wie groß der Anteil des Knochens ist.

Die Beinscheiben in einer Pfanne anbraten. Ringsum haben sie eine helle, sehnige Haut, die sich sofort zusammenzieht, wenn man das Fleisch ins heiße Fett legt. Das ist nicht gut, da die Scheiben nun nicht mehr flach in der Pfanne liegen und nicht gleichmäßig braten. Die Abhilfe: Wir schneiden zuvor mit einem scharfen Messer diese Haut an zwei Stellen komplett durch. Die Scheiben pfeffern und beidseitig mit Mehl bestäuben. So werden sie in einer Pfanne auf jeder Seite ein paar Minuten schön braun gebraten.

Zwei Karotten und vier Schalotten schälen, grob würfeln und auf dem Boden eines großen Schmortopfes verteilen. Darauf die angebratenen Beinscheiben dicht an dicht legen. Wenn der Platz nicht reicht, kann man ohne Probleme zwei oder auch drei Lagen übereinanderschichten. Drei Lorbeerblätter, zwei Rosmarinzweige und drei fingerdicke Scheiben einer Bio-Zitrone zwischen dem Fleisch verteilen. Mit einer Mischung, die zu zwei Dritteln aus Fleischbrühe und zu einem Drittel aus einem trockenen, aber nicht allzu bukettreichen Weißwein (Weißburgunder statt Sauvignon Blanc) besteht, aufgießen. Das Fleisch sollte gerade so knapp bedeckt sein.

Den Topf in den auf 180 Grad vorgeheizten Backofen schieben, wo alles eine gute Stunde vor sich hin schmoren darf. Dann schneiden wir von einer Scheibe ein Probestückchen ab. Länger als eineinhalb Stunden braucht es in der Regel nicht. Dann ist es zart, mürbe, hat aber noch etwas Biss. Das Fleisch herausnehmen.

Etwa eine Tasse voll Vinaigrette aus Öl, weißem Essig, Salz und Pfeffer anrühren. Da hinein reichlich klein gehackte Kräuter geben: Petersilie, Liebstöckel, Rosmarin, Thymian oder was sonst noch in der Küche rumliegt. Mindestens eine Kaffeetasse voll von dem Schmorsud mit der Vinaigrette vermengen.

Beinscheiben nebeneinander in eine feuerfeste, flache Form legen, Vinaigrette gleichmäßig über das Fleisch gießen, es muss nun nicht mehr von der Flüssigkeit bedeckt sein. Grobes Salz auf das Fleisch geben, alles mit Alufolie abdecken und für 20 Minuten in den Backofen schieben, der nur noch 100 Grad heiß sein darf.

Mit Gemüse und Baguette servieren. Warme Vinaigrette über das Fleisch gießen.

Vom Schmorsud wird einiges übrigbleiben: Einfrieren — eine perfekte Basis für Soßen!

Zutaten für vier Personen

4–8 Scheiben von der Kalbshaxe
Mehl
Pfeffer
Öl zum Anbraten

2 Karotten
4 Schalotten
3 Lorbeerblätter
2 Rosmarinzweige
1 Bio-Zitrone

Schmorsud
1 l Flüssigkeit aus Fleischbrühe und Weißwein

Vinaigrette
Öl
weißer Essig
Salz und Pfeffer
reichlich gemischte Kräuter (z.B. Petersilie, Liebstöckel, Rosmarin, Thymian)

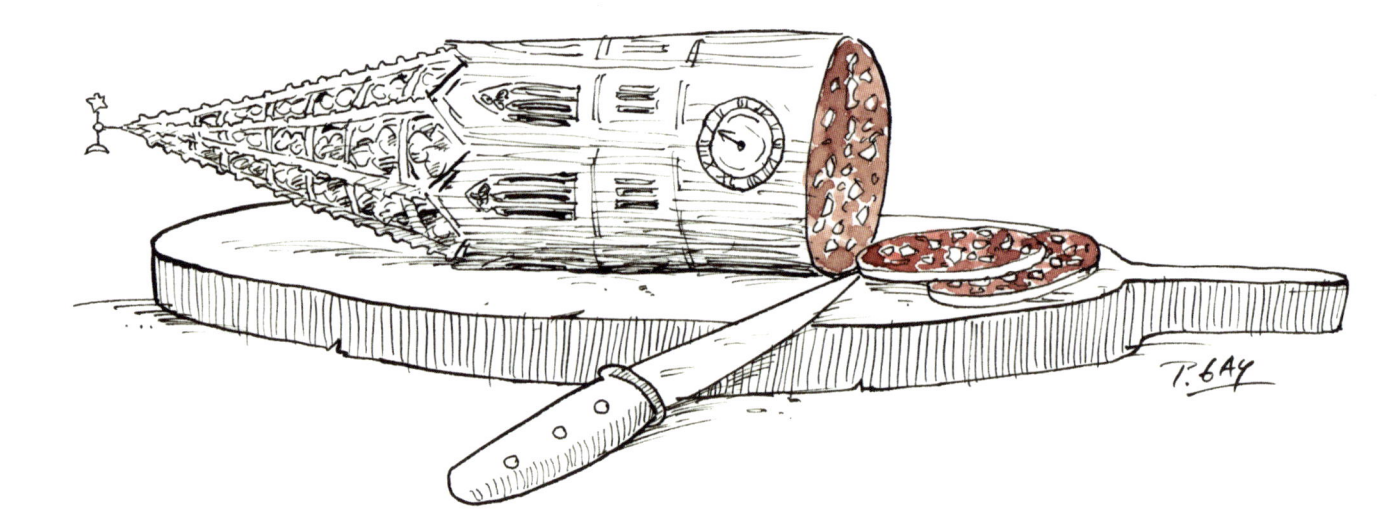

Blutwurststrudel

Dieser deftige Strudel ist eine tolle Beilage zu einer Schüssel Feldsalat.

Petersilienwurzeln putzen, in grobe Stücke schneiden, in Milch weichkochen und zu einem eher festen Püree stampfen. Da dürfen ruhig noch kleine Stücke drin sein. Würzen ist nicht nötig, da durch die Blutwurst noch genügend Geschmack an den Strudelinhalt kommt.

Äpfel schälen, entkernt in kleine Würfel schneiden. Zwiebeln fein schneiden, in einer Pfanne in etwas Fett glasig dünsten, dann die Apfelstücke dazugeben und kurz mit dünsten, so dass sie zwar weich sind, aber noch nicht zerfallen.

Zum Schluss die enthäutete und in kleine Stücke (halber Zuckerwürfel) geschnittene Blutwurst zu den Zwiebeln und den Äpfeln in die Pfanne geben, nur eine Minute, sonst wird sie zu weich. Mit etwas Majoran, Pfeffer, einer Prise Cayenne für eine sanfte Schärfe würzen.

Apropos Blutwurst: Wir brauchen eine feste Blutwurst, nicht die weiche für die Schlachtplatte. Bei manchen Metzgern gibt es eine fettarme, bei der Graupen einen Großteil der sonst üblichen Fettwürfelchen ersetzen. Diese Wurst passt am besten, nicht wegen der Kalorien, sondern wegen ihrer festeren Konsistenz.

Zum Teig: Dünner Strudelteig der Gattung Yufka- oder Filo-Teig funktioniert bestens. Es gibt ihn fertig in Teilblättern mit einer Größe von 30 auf 30 Zentimetern. Diese Teigplatten sind ideal, da die Füllung für genau zwei Strudel ausreicht.

Ein Teigblatt auf ein Brett legen, mit flüssiger Butter dünn bestreichen und dann ein zweites Teigblatt darauflegen. Diese Teilblätter sind so dünn, dass man zwei nehmen kann, ohne dass der Strudel zu teigig wird. Eines könnte sich dagegen als zu dünn und brüchig erweisen.

Zutaten für eine Zwischenmahlzeit

300 g Petersilienwurzel
etwas Milch
2 mittelgroße Zwiebeln
2 große Äpfel
400 g Blutwurst
Salz und Pfeffer
Majoran
2 Packungen Strudelteig
etwas Butter
2 Eigelbe

Die Hälfte des Petersilienwurzelpürees auf ein Drittel der Fläche geben. Zu den Rändern hin fünf Zentimeter frei lassen. Dann die Hälfte der Blutwurstmasse auf dem Püree verteilen. Einmal rollen (von der belegten Seite her), dann den Teig von rechts und links jeweils fünf Zentimeter einschlagen und fertig rollen. Hat alles geklappt, haben wir eine halbwegs gleichmäßige, durch den Einschlag auf den Seiten geschlossene Rolle. Das ist wichtig, da sonst die Füllung auslaufen kann.

Die zweite Rolle ebenso fertigstellen und dann beide mit etwas Abstand voneinander auf ein mit Backpapier ausgelegtes Backblech legen. Die Rollen oben mit Eigelb bestreichen und in den auf 200 Grad vorgeheizten Backofen (Ober- und Unterhitze, mittlere Einschubleiste) schieben. Nach rund 20 Minuten sind sie oben schön gebräunt und fertig.

Herausnehmen, halbieren und servieren.

Jetzt habe ich unter Kartoffelbrei.de ein Rezept gefunden. – Nach "Großmutter Art"

Das würde ich meiner Großmutter sogar noch zutrauen, dass die ihre Pampe in's Netz stellt.

Der Rucola ist aber nicht grade frisch!

In Italien hat es lang nicht geregnet.

Zickleinbraten

Wer Fleisch für einen Zickleinbraten von einem der auf Ziegenzucht und Ziegenkäse spezialisierten Bauernhöfe aus dem Schwarzwald kauft, kann sicher sein, dass die Tiere in einer natürlichen Umgebung gut aufgewachsen sind, dass die Qualität des Futters stimmt und dass zu guter Letzt auch die Transportwege überschaubar kurz sind. Nun muss man nur noch den kräftigen Eigengeschmack mögen, dann steht diesem herzhaften Braten nichts mehr im Wege.

Ziegenfleisch schmeckt, wie ich finde, am besten, wenn es gut durchgeschmort ist. Schulter oder Keule eignen sich dafür besonders gut. Vor allem das Fleisch der Schulter ist leicht durchwachsen, neigt nicht zum Austrocknen, und deshalb kommt es bei den Garzeiten auch nicht auf die Minute an. Es schadet nicht, wenn man den Braten so lange im Ofen lässt, bis man das Fleisch leicht vom Knochen lösen kann. Es empfiehlt sich ohnehin, dies schon in der Küche zu erledigen, denn beim Tranchieren am Tisch geht viel Zeit verloren, und Ziegenfleisch schmeckt – ähnlich wie Lamm – lauwarm nur noch halb so gut.

Das Fleisch mit Olivenöl einreiben, ringsum salzen und pfeffern. Zusammen mit ein paar Rosmarinzweigen in einen Bräter legen, einen kleinen Schuss Weißwein angießen, drei bis vier Esslöffel Öl dazugeben und alles in den auf 200 Grad vorgeheizten Backofen (Ober- und Unterhitze, Einschubleiste etwas unterhalb der Mitte) schieben.

Nun muss man nicht mehr tun, als gelegentlich etwas Schmorflüssigkeit über den Braten schöpfen und vielleicht etwas Wein nachgießen. Man legt fünf Knoblauchzehen parat (sie kommen einzeln, aber mit der Schale in den Bräter). Nach gut einer Stunde die Temperatur auf 130 Grad reduzieren, die Knoblauchzehen rings ums Fleisch verteilen und den Braten weitere 40 Minuten schmoren. Diese Angaben gelten für eine Schulter mit knapp einem Kilogramm Gewicht. Zieht man den Knochenanteil ab, dann reicht das gerade so für vier Personen.

Bohnen zusammen mit ein paar Stängeln Bohnenkraut in kräftig gesalzenem Wasser nicht zu weich kochen. Flache Stangenbohnen in ein bis zwei Zentimeter lange Stücke schneiden, Buschbohnen halbieren.

Das Fleisch aus dem Ofen nehmen, vom Knochen lösen und in portionierte Stücke schneiden. Bohnen in den Bräter geben und gleichmäßig verteilen. Tomaten in kleine Stücke schneiden und darauf verteilen. Dann legt man die Fleischstücke nebeneinander oben auf, schiebt alles nochmal für 15 Minuten zum finalen Erhitzen in den Backofen und serviert die duftende Pracht am besten gleich im Bräter.

Als Beilage passt Baguette. Damit kann man den Schmorfond gut auftunken. Aber auch Polenta oder feine Bandnudeln machen sich gut.

Zutaten für vier Personen

1 kg Zickleinschulter
einige Zweige Rosmarin
5 Knoblauchzehen
Salz und Pfeffer
Olivenöl
etwas trockener Weißwein
800 g Bohnen
einige Stängel Bohnenkraut
200 g Tomaten

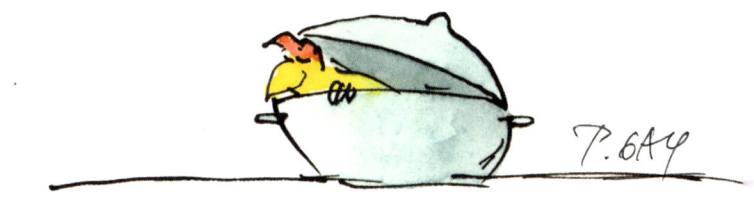

Geschmorte Kalbsbäckle

Kalbsbäckle sind ideal für ein Schmorgericht. Das kräftige, sehr schmackhafte Muskelfleisch ist zart durchzogen von feinen, leicht gallertartigen Schichten, die beim langen Schmoren immer weicher und sanfter werden und sich dabei fast auflösen. Dank dieser besonderen Zusammensetzung gelingen die Bäckle immer. Sie werden stets zart, mürbe und saftig, und es ist fast unmöglich, dass sie irgendwie trocken oder zäh werden könnten. Allenfalls fangen sie irgendwann an, zu zerfallen, wenn man es mit der Schmorzeit übertreibt. Aber ich kenne auch Leute, denen die Bäckle dann am allerbesten schmecken, wenn man kein Messer mehr braucht, sie mit dem Löffel zerteilen und das Fleisch mit der Zunge am Gaumen zerdrücken kann.

Es ist ein edles Stück Fleisch, nicht ganz billig und auch deshalb eine Zierde für jedes große Menü. Rinder- oder Ochsenbäckle haben nicht ganz so feine Fleischfasern. Sie sind etwas rustikaler und preiswerter. Aber auch sie schmecken köstlich, die Schmorzeit ist etwa um die Hälfte länger.

Zunächst das Schmorgemüse in einem großen Topf anbraten: Karotten, Knollensellerie und Schalotten putzen, in grobe Stücke schneiden, in etwas Öl anrösten, nicht allzu kräftig, aber ein paar braune Stellen dürfen die Gemüsewürfel schon bekommen. Tomatenmark dazugeben und kurz mitbraten, mit Wein und Wasser ablöschen, etwa zwei Drittel Wein und ein Drittel Wasser. Der Wein darf kräftig sein, also zumindest ein trockener Spätburgunder oder ein Roter aus Frankreichs Süden. Zum Kochen kein Barrique – der passt später beim Essen dazu.

In einer Pfanne die Kalbsbäckle auf beiden Seiten ein paar Minuten lang kräftig anbraten. Wichtig: Das Fleisch mindestens eine Stunde zuvor aus dem Kühlschrank nehmen, damit es beim Braten Zimmertemperatur hat. Dann das Fleisch zum Gemüse in den Schmortopf legen. Den Bratensatz in der Pfanne mit Wein ablöschen und ebenfalls in den Topf geben. Leicht salzen und pfeffern, ein Lorbeerblatt und einen Zweig Thymian dazugeben, Deckel drauf, einmal aufkochen und dann in den auf 160 Grad vorgeheizten Backofen (Ober- und Unterhitze) schieben.

Viel zu tun ist jetzt nicht mehr. Gelegentlich mal umrühren, damit Fleischteile, die aus der Flüssigkeit herausragen, nach unten kommen – und umgekehrt. Nach eineinhalb Stunden ein Fleischstück herausnehmen und probieren.

Zutaten für vier Personen

- 1 kg Kalbsbäckle
- 600 g gemischtes Schmorgemüse (Karotten, Sellerieknolle, Schalotten)
- 1 gehäufter EL Tomatenmark
- 1 Lorbeerblatt
- 1 Zweig Thymian
- Salz und Pfeffer
- ½ l trockener Rotwein
- ¼ l Wasser
- etwas Portwein und/oder Balsamicoessig

Da sich dieses Gericht perfekt zum Vorbereiten eignet und aufgewärmt am nächsten Tag fast noch besser schmeckt, darf ruhig noch ein bisschen Garzeit fehlen, die wird dann am Tag darauf nachgeholt.

Die fertig geschmorten Bäckle herausnehmen und die Soße fertigstellen. Man kann das Schmorgemüse in die Soße pürieren oder als Beilage dazu essen. Auf jeden Fall etwas einkochen und mit Salz, Pfeffer, einem Schuss Balsamicoessig, vielleicht etwas Portwein oder einem Schuss vom Roten abschmecken.

Als Beilage passen Kartoffel- oder Selleriepüree perfekt. Wie Kartoffelpüree geht, wissen alle. Für das Selleriepüree die in grobe Stücke geschnittene Sellerieknolle in Milch kochen. Sobald die Stücke weich sind, diese zusammen mit der Kochmilch pürieren. Mit Salz, Pfeffer und Muskat würzen – fertig. Statt Kuhmilch passt auch Hafermilch perfekt.

Wer das Schmorgemüse als Beilage nicht mag oder es in die Soße püriert, der schneidet Kürbis in kleine Würfel und brät diese in Butter kräftig an. Das macht kaum Arbeit und schmeckt ausgezeichnet dazu.

Teller-Gallert

Die badische Teller-Gallert, Teller-Sülze auf Hochdeutsch, ist ein Biergarten-Klassiker und einfach ideal als leichtes, erfrischendes Essen für heiße Sommerabende. Kalorienmäßig üppig wird die Sache nur dann, wenn man sich allzu viele Bratkartoffeln dazu genehmigt und noch eine gute Portion Remouladensauce obendrein. Aber eigentlich gehören diese drei Dinge schon zusammen!

Zwar empfiehlt die badische Regionalküche als Einlage in erster Linie Schweinefleisch, wobei vom Kalten Braten über Rippchen bis zum mageren Filet alles seine Verwendung finden kann. Aber warum nicht mal experimentieren mit Huhn, Rind oder auch Wild? Und auch Fisch macht sich bei dieser Art der Zubereitung recht gut.

Wichtig ist immer nur folgendes: Fleisch oder Fisch müssen fertig gegart sein und in dünne Scheiben aufgeschnitten werden. Was wir noch als Einlage brauchen:

ein bis zwei hart gekochte Eier und ein paar Essiggurken, vielleicht noch eine gelbe Rübe – alles in dünne Scheiben geschnitten. Und zu Dekorationszwecken kommen noch Petersilienblätter zur Verwendung.

Zur Sülze: Da sich kaum jemand die Arbeit machen wird, Schweinefüße und Kalbsknochen so lange und in solchen Mengen auszukochen, bis man eine natürlich gelierende Brühe im Topf hat, kommt man an der Verwendung von vorgefertigten Geliermitteln nicht vorbei. Ob man nun Blattgelatine oder Geliermittel auf pflanzlicher Basis verwendet – sie alle haben den Effekt, der Brühe, in die sie gerührt werden, etwas an Kraft und Aroma zu nehmen. Die Brühe muss also sehr gut vorgewürzt sein. Ob man Brühe vom Rind, Kalb oder Huhn nimmt, ist nicht entscheidend. Auf jeden Fall muss sie mit Salz, Pfeffer, einer Prise Zucker und einem guten Schuss Essig – bitte weißen Essig verwenden, da roter Essig die Sülze unschön einfärbt – kräftig, herzhaft und pikant säuerlich abgeschmeckt werden.

Das Geliermittel genau nach Packungsangabe in die Brühe rühren. Wer ganz sicher gehen will, ob die Konsistenz später auch stimmt, gibt einen Löffel von der Brühe auf einen flachen Teller und stellt diesen zur Probe eine Viertelstunde in den Kühlschrank. Denn: Weder eine zu weiche Konsistenz des Gelees noch eine zu feste wie bei einem Gummibärchen machen wirklich Freude.

Vier Suppenteller mit Fleisch-, Ei-, Karotten- und Gurkenscheiben sowie Petersilienblättern schön belegen. Dann die Brühe nicht allzu schwungvoll angießen, da sonst das Arrangement gleich wieder durcheinander kommt. Die Brühe sollte alles bedecken.

Die Teller für mindestens vier Stunden, am besten über Nacht, in den Kühlschrank stellen.

Wenn die Teller-Gallert serviert wird, macht es sich gut, ein bisschen frischen Meerrettich darüber zu hobeln. Oder man rührt noch eine Vinaigrette mit Schnittlauch und Frühlingszwiebeln – beides fein geschnitten – sowie Senf an und gibt davon einen Esslöffel über die Sülze.

Zutaten für vier Personen

Einlage
500 g gekochtes Fleisch
2 Eier
einige Essiggurken
1 Stück Karotte
einige Blätter glatte Petersilie

Brühe
1,5 l Hühner-, Rind- oder Kalbsrühe
Geliermittel, z.B. Blatt- oder Pulvergelantine
Salz und Pfeffer
1 Prise Zucker
1 Schuss Weißweinessig

Kalbsragout

Dieses Kalbsragout schmeckt deutlich kräftiger als eingemachtes Kalbfleisch. Wer nicht auf Schonkost setzt, sondern auf herzhafte Aromen, ist mit diesem Gericht besser bedient als mit dem badischen Klassiker in weißer Soße.

Kalbsschulter in nicht zu kleine Würfel schneiden, etwa fünf Zentimeter Seitenlänge. Das Fleisch mit grobem Meersalz würzen. Die Schalotten sehr fein würfeln.

In einem Schmortopf Öl stark erhitzen und die Fleischstücke ringsum kräftig anbraten. Da das nur gelingt, wenn das Fleisch Kontakt zum Topfboden hat, macht man das in zwei bis drei Portionen nacheinander. Die fertig angebratenen Fleischstücke aus dem Topf nehmen und beiseitestellen.

Hitze zurückdrehen und die Schalotten im Topf glasig dünsten, die Fleischstücke dazugeben. Mit Wein ablöschen, den Bratensatz vom Topfboden schaben und den Wein um etwa die Hälfte einkochen lassen.

Kalbsfond dazu gießen, einmal aufkochen, den Deckel auf den Topf geben und das Fleisch bei sanfter Hitze schmoren. Das dauert zwischen einer und eineinhalb Stunden, hängt von der Fleischqualität ab und erfordert die Entnahme eines Probestücks nach 60 Minuten Schmordauer.

Zutaten für vier Personen

1 kg Kalbsschulter
2 Schalotten
¼ l trockener Weißwein
½ l Kalbsfond
50 g zimmerwarme Butter
30 g frische Kerbelblätter
20 g frische Estragonblätter
1 gehäufter TL Mehl
100 g Sahne
etwas abgeriebene Zitronenschale
Salz und Pfeffer
Öl zum Braten

Kerbel und Estragon verleihen der Soße das Grundaroma der beliebten **Sauce Béarnaise:** Beide Kräuter kleinhacken, zusammen mit der zimmerwarmen Butter und Mehl zu einer homogenen Masse kneten. Zwei bis drei Kugeln daraus formen und im Kühlschrank kaltstellen.

Wenn das Fleisch gar ist, mit einer Schöpfkelle aus dem Topf nehmen. In die Soße einen Schuss Sahne gießen, einmal aufkochen und dann die kalten Butter-Kräuter-Kugeln eine nach der anderen mit dem Schneebesen einrühren. So kommt der Kräutergeschmack hinein und die Mehlbutter bindet gleichzeitig ab. Das Fleisch zurück in die Soße geben und mit Salz, Pfeffer und etwas abgeriebener Zitronenschale abschließend würzen.

Frühlingsgemüse und Butternudeln sind die obligatorischen Beilagen.

Kalbstafelspitz

Kalbstafelspitz ist ein wunderbar zartes und aromatisches Stück Fleisch, das – was viele ja lieben – nur ganz wenig Fett hat. Zum Kochen eignet es sich deshalb für meinen Geschmack nicht so gut wie eine durchwachsene Ochsenbrust. Es neigt wegen des Fettmangels dazu, schnell trocken zu werden. Genau dies wird jedoch verhindert, wenn man das Fleisch bei einer niedrigen Temperatur (80 Grad) lange Zeit im Backofen gart. Dieses sogenannte Garen bei Niedrigtemperatur bringt hier ein perfektes Ergebnis.

Es lohnt sich, gleich ein ordentliches Stück von gut einem Kilogramm zu kaufen. Dann hat man einen Braten für eine große Gesellschaft von sechs bis acht Personen.

Das Fleisch muss Zimmertemperatur haben, also mindestens zwei Stunden zuvor aus dem Kühlschrank nehmen. Ringsum leicht einölen, nicht salzen, in einem Bräter in den auf 80 Grad vorgeheizten Backofen (Ober- und Unterhitze, mittlere Einschubleiste) schieben. Diese Temperatur genau einhalten. Zehn Grad mehr oder weniger beeinflussen das Ergebnis massiv. Im Zweifel also mit einem Backofenthermometer kontrollieren. Exakt drei Stunden bleibt das Fleisch bei dieser Temperatur im Ofen. Man muss null und nichts machen, nicht einmal wenden.

Nach drei Stunden schalten wir für ein paar Minuten den Grill dazu, damit das Fleischstück noch eine kleine Kruste und etwas Röstaromen bekommt. Das Ergebnis ist perfekt: butterzart und saftig.

Da ein Kalbstafelspitz nicht gleichmäßig dick ist, sondern an einem Ende bis zu acht Zentimeter hoch ist und am anderen Ende ganz flach, hat man in dem Fleischstück alle Garzustände: von rosa bis durch. Es ist also für die Wünsche aller Esser etwas dabei. Das Fleisch aufschneiden, die Scheiben salzen und pfeffern und auf vorgewärmten Tellern servieren.

Da es bei dieser Garmethode keine Soße gibt und wir uns um nichts weiter kümmern müssen, haben wir Zeit, eine wunderbare Gemüse-Kräuter-Soße zuzubereiten, die sowohl zum Fleisch als auch zu Nudeln prima passt.

Tiefgekühlte Erbsen direkt aus der Packung in kochendes Salzwasser schütten. Nach drei Minuten Kräuter dazugeben und eine Minute mitkochen. Alles in ein Sieb abschütten, mit kaltem Wasser abschrecken, abtropfen lassen und zusammen mit einem Viertelliter Gemüsebrühe mit einem Mixstab gut pürieren. Diese Masse in ein feines Sieb geben und mit dem Rücken einer Suppenkelle durchstreichen. So bleiben Spelzen und Fasern zurück, es entsteht ein ganz glattes Püree, das durch die Erbsen etwas Bindung erhält. Gegebenenfalls mit Brühe weiter verdünnen und mit Salz, Pfeffer und Muskat abschmecken. Fertig ist die Soße.

Zutaten für sechs bis acht Personen

ca. 1,3 kg Kalbstafelspitz
Öl
400 g tiefgekühlte Erbsen
400 g kräftige Kräuter (Kresse, Portulak, Rucola oder ähnliches)
½ l Gemüsebrühe
Salz und Pfeffer
Muskat

Mein Fleisch hat Kork!

"Ich hol uns mal frischen Rucola."

"Schweine essen kein Hasenfutter."

BIO-HOF Schätzle
FRISCHE GARANTIE

Wildhasenragout

Dieses Ragout ist ein Festessen für alle, die einen kräftigen, aber keinen penetranten Wildgeschmack und eine satte Soße lieben. Und: Es schmeckt aufgewärmt fast noch besser. Also einen Tag vorher zubereiten und am Tag darauf entspannt genießen.

Das Hasenfleisch über Nacht marinieren. **Marinade:** Alle Gemüse putzen und klein würfeln, Backpflaumen halbieren, Schalotten und Knoblauch fein hacken, Wacholderbeeren anquetschen, Pfefferkörner grob zerstoßen. Zusammen mit den anderen Gewürzen und Kräutern in eine Schüssel geben und mit Wein (eher ein kräftiger Südfranzose als ein Spätburgunder) und Portwein auffüllen.

Die Wildhasenläufe am Gelenk durchschneiden – so sind die Stücke handlicher – in die Marinade legen. Das Fleisch sollte komplett bedeckt sein, gegebenenfalls Wein nachgießen. Über Nacht in den Kühlschrank stellen.

Am nächsten Tag das Fleisch aus der Marinade nehmen, mit Küchenpapier trocken tupfen, salzen und mit Mehl bestäuben. Die Marinade durch ein Sieb in eine Schüssel abgießen, das Gemüse mit den Kräutern und Gewürzen gut abtropfen lassen.

In einem großen Schmortopf Öl erhitzen und das Fleisch ringsum nicht zu scharf anbraten, herausnehmen, beiseitestellen. Marinadengemüse mit den Kräutern und Gewürzen und dem Tomatenmark in den Topf geben, mit Mehl bestäuben und zehn Minuten anbraten.

Dann mit Marinade (einen Suppenschöpfer voll) ablöschen, Cognac und Portwein dazugeben und so lange einkochen, bis die Flüssigkeit fast weg ist. Nochmals einen Schöpfer von der Marinade dazugeben und wieder fast einkochen. Immer wieder umrühren, damit sich Eingekochtes vom Topfboden löst. Dann die restliche Marinade in den Topf gießen, umrühren und das Fleisch hineinlegen. Es muss nicht komplett von der Flüssigkeit bedeckt sein. Einmal aufkochen, Deckel auf den Topf geben und dann in den auf 170 Grad vorgeheizten Backofen (Ober- und Unterhitze) stellen. Die Garzeit beträgt gut eineinhalb Stunden. Wenn das Fleisch nicht ganz von der Flüssigkeit bedeckt ist, die Stücke alle halbe Stunde wenden. Zwischendurch noch etwas Wasser (nicht mehr als einen Viertelliter) nachgießen.

Wenn man mit einer Gabel gut in das Fleisch hineinstechen kann, ist es gar. Fleischstücke herausnehmen, abkühlen lassen, Fleisch von den Knochen lösen und in mundgerechte Stücke scheiden.

Die Soße noch etwas einkochen lassen und mit Salz, Pfeffer, Balsamicoessig und Portwein abschmecken. Ob man die Soße durch ein Sieb gibt oder die Gemüsestückchen drin lässt, ist Geschmackssache. Das Fleisch in die Soße geben und alles erhitzen.

Champignons putzen, vierteln und in einer Pfanne in Öl scharf anbraten, zum Ragout geben. Mit Spätzle oder Butternudeln servieren.

Zutaten für vier bis sechs Personen

4 Wildhasenläufe

Marinade
100 g Möhren
100 g Petersilienwurzeln
100 g Pastinaken
2 Schalotten
1 Knoblauchzehe
2 Lorbeerblätter
5 Nelken
10 Wacholderbeeren
10 Pfefferkörner
3 Zweige Thymian
8 Stängel Petersilie
8 Backpflaumen
⅛ l Portwein
1–2 Flaschen Rotwein

Soße
2 EL Tomatenmark
1 EL Balsamicoessig
⅛ l Portwein
200 g Steinchampignons
Öl zum Braten
Mehl zum Bestäuben
Salz und Pfeffer

Kleine Schnitzel aus Schweinefilet

Manchmal muss es einfach Schweineschnitzel sein. Und weil mich auch hier der Grundsatz umgetrieben hat, lieber nicht so oft Fleisch zu essen, dafür aber bei der Qualität nicht zu knausern, bin auf die auf den ersten Blick etwas absurde Idee verfallen, panierte Schnitzel aus Schweinefilet zu braten. Das Ergebnis wer derart zart und saftig, dass ich »normale« Schnitzel eigentlich nicht mehr so richtig mag, sondern mir – wenn schon, denn schon – diesen Schnitzel-Luxus ab und an gönne.

Ein Schweinefilet reicht locker für vier Personen. Der Metzger sollte das gute Stück fachmännisch parieren, also die diversen Silberhäute hauchdünn wegschneiden, ohne dabei tief ins feine Fleisch zu säbeln. Das geht mit der handwerklichen Routine und dem scharfen Werkzeug des Profis einfach besser, als wenn man das zuhause macht.

Wir müssen dann nur noch den Filetstrang quer in Scheiben schneiden, die mindestens zwei Fingerbreit dick sein müssen. Diese Stücke auf ein Brett legen und mit einem Fleischklopfer oder einem Plattiereisen flachklopfen, bis sie so dünn sind, wie eben ein Schnitzel dünn sein muss. Wer in seiner Küchenschublade weder Klopfer noch Plattiereisen findet, greift zur altbewährten Rustikalmethode: Fleischstücke auf ein Brett legen, mit Frischhaltefolie bedecken und mit einer schweren Pfanne draufhauen. Das funktioniert ganz prima.

Die so präparierten Stücke durchlaufen nun den üblichen Prozess der Schnitzelherstellung: Beidseitig salzen und pfeffern, mit Mehl bestäuben, dann zunächst durch ein zerkleppertes und leicht gesalzenes Ei ziehen, anschließend in Semmelbröseln wenden und diese vielleicht noch ein bisschen andrücken.

In einer Pfanne Butter und Öl (Halbe-Halbe-Mischung) erhitzen. Dabei mit der Menge des Fettes nicht sparen. Die Schnitzel sollten im Fett eher schwimmen als halbtrocken in der Pfanne liegen. Wenn das Fett gut heiß ist und aufschäumt, Schnitzel hineinlegen und auf beiden Seiten goldbraun ausbraten. Das dauert auf jeder Seite rund drei Minuten. Zwischendurch mit einem Löffel heißes Bratfett über das Fleisch schöpfen. Die fertigen Stücke auf Küchenkrepp legen, damit überflüssiges Fett weggesaugt wird. Und fertig sind die kleinen delikaten Stücke.

Zutaten für vier Personen

1 ganzes Schweinefilet
Salz und Pfeffer
etwas Mehl
2 Eier
Semmelbrösel
Butter und Öl zum Braten

Beilage
500 g kleine, neue Kartoffeln
4 Fleischtomaten
3 EL Pesto
Salz und Pfeffer
1 gehäufter EL Kapern
1 Zitrone
Sardellenfilets

Als Beilage passt folgende Kombination ausgesprochen gut: Kleine neue Kartoffeln gut abbürsten und in der Schale garkochen. Kartoffeln halbieren und auf der Schnittfläche in einer Pfanne in ganz wenig Öl braten, bis die Schnittfläche knusprig braun ist. Tomaten in grobe Würfel schneiden, den Glibber und die Kerne entfernen. Beides zusammen in eine Schüssel geben und mit zwei bis drei Esslöffeln Pesto und ein paar Kapern gut vermengen, salzen und pfeffern. Das ist ein etwas unkonventioneller Kartoffelsalat, der zu den Schnitzelchen aber bestens passt.

Zitronenspalten und – wer das mag – Sardellenfilets fehlen noch zum Schnitzelglück.

Madame verzichtet doch sonst aufs Dessert.

Können Sie schweigen?

Dessert

Aperol-Spritz-Nachspeise

Alle (fast alle) mögen Aperol-Spritz. Der Kultdrink, der quasi aus dem Nichts die Szene eroberte und sich nun schon seit Jahren auf Platz eins der sommerlichen Aperitif-Mixturen behauptet, taugt übrigens nicht nur als Stimulans-Drink für vorneweg, sondern auch als Bestandteil einer recht leckeren Nachspeise.

Grundlage ist eine Vanillecreme, die mit einem Aperol-Gelee getoppt wird, und ein Menü nicht nur erfrischend, sondern dank der säuerlichen und bitteren Bestandteile, auch sehr bekömmlich abschließt.

Für die Creme brauchen wir Vanille-Joghurt – aber bitte nicht den billigsten, dessen Vanillearomen ausschließlich aus den Reagenzgläsern der Lebensmittelindustrie kommen. Es sollte schon einer sein, auf dessen Etikett von »Bourbon-Vanilleschoten-Extrakt« oder von »gemahlenen Bourbon-Vanilleschoten« zu lesen ist. Übrigens: Winzige schwarze Punkte sind zwar ein Indiz, noch lange aber keine Garantie dafür, dass wirklich echte Vanille im Joghurt drin ist. Auch diese Art der Verbrauchertäuschung schafft man in den einschlägigen Laboren mit links. Joghurt in eine Schüssel geben. Drei Blatt Gelatine fünf Minuten in kaltem Wasser einweichen. Sechs Esslöffel Limoncello (ein Zitronenlikör aus Italien) in einem Topf ganz leicht erwärmen. Gelatine aus dem Wasser nehmen, ausdrücken, in den Topf geben, umrühren und so im Limoncello auflösen. Diese Mischung unter kräftigem Rühren mit dem Schneebesen zum Joghurt gießen.

Sahne mit Zucker steif schlagen und mit dem Schneebesen unter die Joghurtmasse heben, bis sich alles glatt verbunden hat.

Creme in Gläser füllen, oben mindestens ein Fingerbreit Platz für das Gelee lassen. Je nach Größe der Gläser reicht die Masse für etwa sechs Portionen. Wenn es irgendwie geht, sollte der obere freie Platz in den Gläsern innen nicht verschmiert werden, damit das Aperol-Gelee schön durchscheinen kann. Am einfachsten gelingt das so: Die Creme in eine Kanne oder eine Schüssel mit Ausgießer füllen. So kann man den Joghurt unfallfrei in die Gläser gleiten lassen. Die Gläser für mindestens eine Stunde in den Kühlschrank stellen.

Gelee: Wir brauchen 300 Milliliter Aperol-Spritz-Mischung, wie bekannt aus etwa halbe-halbe Aperol und Prosecco und einem Spritzer Mineralwasser. Zwei Gelatineblätter in kaltem Wasser einweichen, ausdrücken und in der etwas erwärmten Aperol-Mischung auflösen. Gut abkühlen lassen und vorsichtig in die Gläser auf die Creme gießen, so dass diese möglichst nicht aufgewirbelt wird. Die Gläser zur finalen Kühlung zwei bis drei Stunden oder auch über Nacht in den Kühlschrank stellen.

Vor dem Servieren mit einer dünnen Limetten-Scheibe dekorieren.

DESSERT

Zutaten für sechs Portionen

Creme
500 g Vanille-Joghurt
200 g Sahne
1 gehäufter TL Zucker
6 EL Limoncello
3 Blatt Gelatine

Aperol-Gelee
300 ml Aperol-Spritz-Mischung (Aperol, Prosecco, Mineralwasser)
2 Blatt Gelatine
1 Bio-Limette

6 Gläser mit etwa 200 ml Inhalt

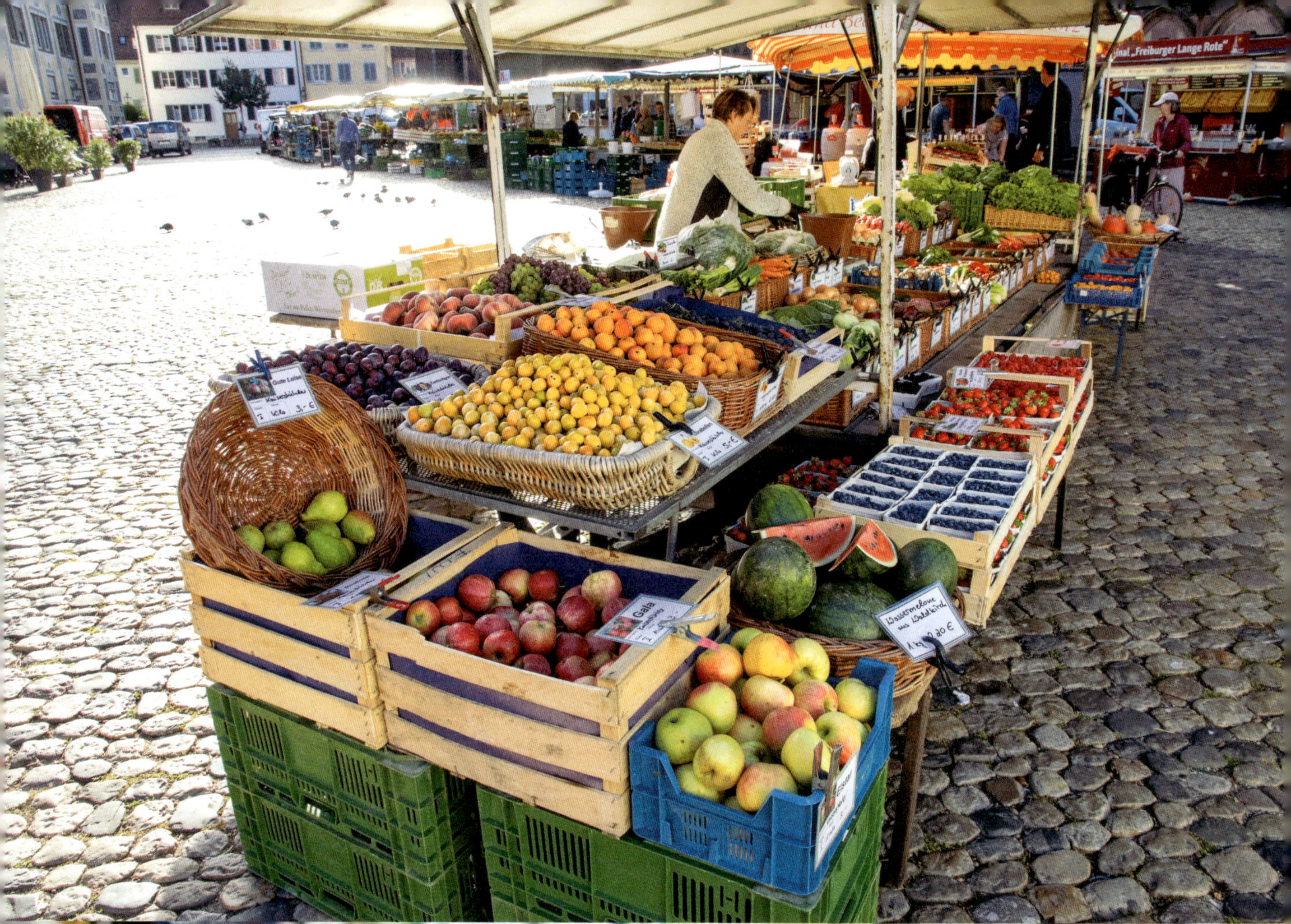
„Freiburger Lange Rote"
Gala
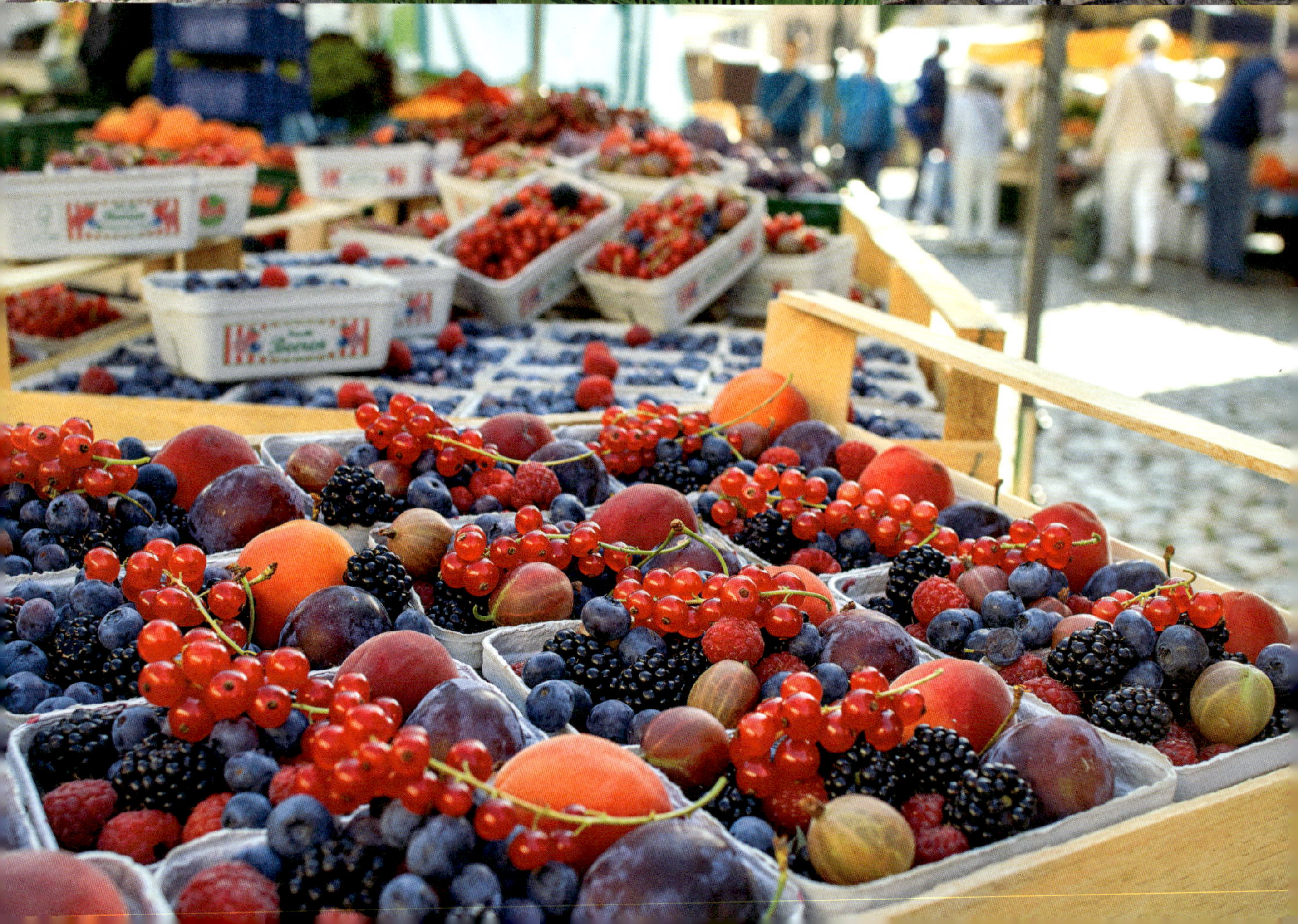

Frische Beeren mit Buttermilch-Mousse

Buttermilch-Mousse ist mit ihrem feinen säuerlichen Geschmack an heißen Tagen eine wunderbar erfrischende Nachspeise – deutlich bekömmlicher als alle Varianten der Schoko-Mousse. Kommen noch Beeren dazu, ist das Dessert-Glück vollkommen.

Gelatineblätter in kaltem Wasser einweichen. Ein Viertel von der Buttermilch in einem Topf erwärmen und darin den Zucker und die Gelatineblätter auflösen. Die restliche Buttermilch in eine Schüssel geben und mit der abgeriebenen Zitronenschale und dem Limoncello verrühren. Die warme Buttermilch dazugeben und mit dem Schneebesen sofort kräftig durchrühren. Auf Zimmertemperatur abkühlen lassen. Sahne so steif wie möglich schlagen und mit einem Schneebesen unter die Buttermilch heben. Gläser zu etwa zwei Dritteln mit der Masse füllen und mindestens drei Stunden im Kühlschrank fest werden lassen.

Kompott: Zunächst Johannisbeeren von den Rispen zupften (pro Glas eine Rispe zur Deko beiseitelegen). In einem Topf Zucker karamellisieren. Dafür den Zucker gleichmäßig auf dem Topfboden verteilen und dann vorsichtig erhitzen, bis er schmilzt und eine hellbraune Farbe angenommen hat. Dann sofort mit dem Weißwein (wenn Kindern mitessen: mit Traubensaft) ablöschen und köcheln lassen, bis sich der karamellisierte Zucker komplett aufgelöst hat. Speisestärke mit vier Esslöffeln kaltem Wasser anrühren, in den Topf geben, verrühren und ein paar Minuten köcheln lassen. Die Beeren dazugeben und zwei bis drei Minuten sanft kochen. Sie sollten nicht zerfallen, sondern nur etwas weich werden. Das Kompott gut abkühlen lassen und vor dem Servieren auf die Gläser verteilen. Mit einer Rispe Johannisbeeren und einem Minzeblatt garnieren.

Zutaten für vier bis sechs Portionen

½ l Buttermilch
80 g Zucker
20 g Vanillezucker
6 Blatt Gelatine
abgeriebene Schale von ½ Bio-Zitrone
4 EL Limoncello
2 Becher (500 g) Schlagsahne

500 g gemischte Beeren (Johannisbeeren, Erdbeeren, Himbeeren, Heidelbeeren)
2 gehäufte EL Zucker
1 gehäufter TL Speisestärke
4 EL kaltes Wasser
⅛ l Weißwein oder Traubensaft
Minzeblätter

Erdbeer-Charlotte

Eine Charlotte ist eine kulinarisch wie auch optisch sehr ansprechende Möglichkeit, die Beeren der Saison mal etwas aufwändiger und nicht nur klein geschnitten, gezuckert und mit Schlagsahne garniert auf den Tisch zu bringen. In Österreich wird diese Art der Nachspeise als Malakofftorte gehandelt. Der Klassiker geht mit Erdbeeren. Es eignen sich letztendlich aber alle Früchte.

Wir brauchen eine Schüssel mit hohem, möglichst steilem Rand, die etwa eineinhalb Liter fasst. Damit sich das Ergebnis später gut und sicher aus der Schüssel stürzen lässt, sollte man sie innen mit Frischhaltefolie auslegen. Die gelegentlich zu lesende Empfehlung, die Schüssel leicht einzufetten, ist Unfug. Die Charlotte muss ja gut gekühlt serviert werden. Fett wird bei Kälte bekanntlich aber fest und verhindert das Stürzen mehr als es zu fördern.

Zunächst den Boden der Schüssel mit Löffelbiskuits auslegen, dann Löffelbiskuits nebeneinander senkrecht an die Wand der Schüssel stellen, die gezuckerte Seite sollte nach außen zeigen – das erleichtert später ebenfalls das Herausgleiten unseres Kunstwerks.

Die restlichen Löffelbiskuits, mit denen die fertig gefüllte Schüssel zum Schluss abgedeckt wird, wie folgt vorbereiten: Eine Tasse starken Espresso mit Cognac mischen und die Biskuits damit tränken. Aber nicht so stark, dass sie völlig durchweichen und matschig werden, sie sollen nur aromatisiert werden.

Die Erdbeeren putzen und je nach Größe vierteln oder achteln und leicht einzuckern. Ein schönes Exemplar für die spätere Dekoration beiseitelegen.

Sahne so steif wie möglich schlagen und mit Vanillezucker leicht süßen. Sahne hälftig auf zwei Schüsseln aufteilen. Die eine Hälfte der Sahne mit Kakaopulver verrühren, unter die andere die Beeren mischen.

Schüssel befüllen: Zunächst eine Schicht Erdbeersahne, dann eine Schicht Kakaosahne und so weiter, bis sie voll ist. Zum Schluss alles mit den aromatisierten Löffelbiskuits abdecken und gut andrücken. Wer mag, kann zwischendurch auch noch eine Schicht mit aromatisierten Löffelbiskuits einbauen.

Die Schüssel für mindestens drei Stunden in den Kühlschrank stellen. Vor dem Servieren einen Teller auf die Schüssel legen, zusammen umdrehen, die Schüssel vorsichtig abheben und die Frischhaltefolie abziehen. Mit Kakao und Puderzucker bestäuben, die Schokolade darüber raspeln und mit einer Beere garnieren.
Die Charlotte vorsichtig wie einen Kuchen aufschneiden.

Wem das mit dem Stürzen aus der Schüssel zu kompliziert erscheint, kann die ganze Konstruktion auch in eine Springform schichten.

Die Charlotte ergibt vier bis sechs Portionen. Wenn sie nicht aufgegessen wird, hält sich der Rest ohne Probleme bis zum nächsten Tag im Kühlschrank.

Zutaten für eine Schüssel mit 1,5 l Inhalt

200 g Löffelbiskuits
2 Becher Sahne (400 g)
1 gehäufter EL Vanillezucker
2 gehäufte EL Kakaopulver (1 EL für die Sahne, 1 EL zum Bestäuben)
2 gehäufte EL Puderzucker
50 g Zartbitterschokolade
1 Tasse starken Espresso
3 EL Cognac
500 g Erdbeeren

Feigentarte

Mit einer Tarte aus vollreifen, zuckersüßen Feigen kann man noch einmal den ganzen Sommer auf den Tisch zurückbringen.

Wir brauchen, je nach Größe, zehn bis zwölf Stück. Manche meinen, man müsse Feigen schälen. Die äußere Haut kann man in der Tat ohne große Probleme von oben nach unten in Streifen abziehen. Wenn die Früchte aber wirklich gut reif sind, halte ich das für überflüssig, da dann auch die äußere Schale nicht mehr grasig-grün schmeckt und mit Genuss mitgegessen werden kann. Also einfach kurz unter fließendem Wasser abspülen und abtrocknen.

Wir brauchen eine flache Backform aus Blech, Porzellan oder feuerfestem Glas, mit etwa 28 Zentimetern Durchmesser und mit einem mindestes fünf Zentimeter hohen Rand. Der Boden der Tarte besteht aus Mürbeteig. Wenn wir fertigen, gezuckerten oder neutralen Mürbeteig kaufen, ist es am einfachsten, nicht zu einem viereckigen oder quadratischen von der Rolle zu greifen, sondern gleich zu einem in runder Form, der idealerweise auch gleich noch auf Backpapier gewickelt ist. Dann müssen wir nämlich nur noch die runde Teigplatte mitsamt dem Backpapier in die Form legen, etwas andrücken und mit den Fingern einen kleinen Rand formen, und fertig ist die Chose.

Teigboden mit einer Gabel in gleichmäßigen Abständen mindestens zehnmal durchstechen: nur den Teig, nicht das Backpapier! So vorbereitet, kommt die Form in den auf 200 Grad vorgeheizten Backofen (Ober- und Unterhitze, mittlere Einschubleiste), damit der Teig vorgebacken wird. Sobald er nach etwa zehn Minuten anfängt, ganz leicht zu bräunen, herausnehmen und abkühlen lassen. Der Sinn dieses Vorbackens: Der Belag bringt ziemlich viel Feuchtigkeit mit. Ohne das Vorbacken würde der Teigboden nicht fest werden, sondern schlapp und matschig werden beziehungsweise bleiben.

Belag: Acht gestrichene Esslöffel Crème fraîche, Sauerrahm oder Schmand mit dem Schneebesen glattrühren. Ein Ei dazugeben, mit dem Schneebesen kräftig verrühren, damit es sich gleichmäßig verteilt. Eine winzige Prise Salz beigeben. Die Säure der Milchprodukte und das Salz ergeben einen raffinierten und, wie ich finde, auch notwendigen Kontrast zu den zuckersüßen Feigen. Den Teigboden gleichmäßig mit dieser Masse bestreichen. Feigen in etwa ein Zentimeter dicke Scheiben schneiden und die Tarte damit belegen, und zwar leicht überlappend wie Dachziegel. Zum Schluss etwas Zitronensaft gleichmäßig darüber träufeln. Am besten nimmt man eine halbe Zitrone und drückt sie vorsichtig über den Feigen aus. Mehr als den Saft von einer halben Zitrone braucht man nicht.

Nun die Fuhre in den Backofen schieben. Bei nach wie vor 200 Grad auf der mittleren Einschubleiste die Tarte eine gute halbe Stunde backen. Sobald der Rand gebräunt ist, ist sie fertig. Aus dem Ofen nehmen, mitsamt dem Backpapier von der Form herunter auf ein Holzbrett ziehen – so kann man sie leichter aufschneiden. Abkühlen lassen, aber nicht ganz, denn leicht warm schmeckt sie am allerbesten.

Das war die zuckersüße Variante. Wer es ein bisschen herzhafter mag, wird an der folgenden Version kulinarischen Gefallen finden. Wenn der Teigboden mit der Sauerrahm-Ei-Mischung bestrichen ist, bröckelt man noch etwas Blauschimmelkäse, also Gorgonzola oder Roquefort, fein und gleichmäßig darüber und legt dann die Feigen drauf. Diese Kombination schmeckt ganz vorzüglich.

Zutaten für sechs Personen

1 runde Platte Mürbeteig (süß oder neutral)
5 gehäufte EL Crème fraîche, Sauerrahm oder Schmand
1 Ei
1 Prise Salz
8–10 vollreife Feigen
Saft von ½ Zitrone

Herzhafte Variante
100 g Blauschimmelkäse (Gorgonzola oder Roquefort)

Großmutters Apfelkuchen

Dieser Apfelkuchen wärmt die Seele und er beschäftigt uns zwei Stunden sinnvoll in der Küche.

Es beginnt mit einem Mürbeteig: Mehl, Zucker, Salz, Wasser und die kühlschrankkalte, in kleine Stücke geschnittene Butter in eine Schüssel geben. Viele schwören auf Margarine statt Butter, und zwar nicht aus Gründen der Sparsamkeit, sondern weil Margarine den Teig angeblich noch einen Tick mürber macht. Da es heutzutage geschmacklich astreine Premium-Margarine gibt, ist diese Variante top. Zutaten mit den Händen solange kneten, bis sich alles glatt miteinander verbunden hat. Den Teig zu einer Kugel formen und in einer Schüssel abgedeckt eine halbe Stunde im Kühlschrank kaltstellen.

Äpfel schälen, achteln, das Kernhaus entfernen, in eine Schüssel geben und großzügig mit Zitronensaft beträufeln.

Ein Stück Backpapier auslegen, die Teigkugel in die Mitte legen, mit Mehl bestäuben und mit dem Nudelholz auswellen, und zwar so lange, bis wir eine runde Platte mit einem Durchmesser haben, der etwas größer ist als der Durchmesser der Backform – bei einer 26-Zentimeter-Backform sollte der Teigfladen also etwa 35 Zentimeter messen.

Teigplatte zusammen mit dem Backpapier in die Form heben und an Boden und Wand festdrücken. Wenn am Rand etwas übersteht: abschneiden. Den Boden dicht mit den Apfelspalten belegen. Äpfel mit geschmolzener Butter bestreichen, leicht mit Zucker und Zimtpulver bestreuen und für 25 Minuten in den auf 180 Grad vorgeheizten Backofen schieben, unterhalb der mittleren Einschubleiste, damit der Boden gut durchbäckt.

Guss: Zucker, Vanillezucker und Eier in einer Schüssel mit dem Rührgerät (Schneebeseneinsätze) schlagen. Das dauert mindestens fünf Minuten, bis die Masse schaumig ist und eine helle Farbe annimmt. In einem Topf Butter schmelzen, Sahne dazugeben, erwärmen, aber nicht aufkochen, langsam zum schaumigen Zucker-Ei-Gemisch gießen, dabei weiter rühren, dann den Guss auf die Äpfel. So kommt der Kuchen weitere 20 Minuten in den Backofen, die letzten fünf Minuten nur mit Unterhitze.

Den Kuchen herausnehmen, leicht mit Zucker bestreuen und bei starker Oberhitze zurück im Backofen kurz karamellisieren.

```
Zutaten für eine
Backform Ø 26 cm
```

250 g Mehl
125 g Butter oder Margarine
50 g Zucker
1 Prise Salz
2 EL kaltes Wasser

Belag

1 kg mürbe Äpfel
etwas Zitronensaft
50 g Butter
Zimtpulver
Zucker

Guss

60 g Zucker
1 EL Vanillezucker
2 Eier
30 g Butter
200 g Sahne
Zucker zum Karamellisieren

> Und? Wie schmeckt euch mein Apfelkuchen?

> Oma, wir schreiben dir eine super Bewertung!!

P. GAY

Zutaten für vier Personen

400–500 g Melonen-Fruchtfleisch (Wassermelone,
Honigmelone, Zuckermelone, Cavaillonmelone)
0,4 l Wasser
150 g Zucker
0,1 l Limoncello
einige Minzeblätter
1 Flasche badischer Winzersekt (Crémant)

Eiskalte Melonensuppe

Es ist ein ideales Dessert für die heiße Jahreszeit. Melonen sind aufgrund ihres hohen Wasseranteils schon pur die reine Erfrischung. In dieser etwas aufgemöbelten Variante sind sie einfach nur köstlich.

Wir brauchen zwei, drei oder auch vier verschiedene Melonensorten, was der Markt gerade hergibt, zum Beispiel Wassermelone, Honigmelone, Zuckermelone oder Cavaillonmelone. Eine gewisse Mischung macht das Dessert abwechslungsreicher. So ganz genau kommt es darauf aber auch nicht an. Wesentlich wichtiger ist es, dass sie wirklich gut ausgereift sind. Denn halbreife Melonen, denen die Süße fehlt, erinnern mit ihrem Aroma eindrücklich daran, dass sie alle zur Familie der Gurkengewächse gehören. Da ist dann die geschmackliche Ähnlichkeit zur Salatgurke oft nicht mehr weit – für ein süßes Dessert nicht unbedingt eine Empfehlung.

400 Milliliter Wasser erhitzten und darin den Zucker auflösen. Abkühlen lassen, Limoncello dazugeben. Blätter der Minze von den Stängeln zupfen, in feine Streifen schneiden und in den Sirup geben. Umrühren.

Melonen vierteln und mit einem Löffel die Kerne herauskratzen. Bei Wassermelonen geht das leider nicht, da hier die Kerne im gesamten Fruchtfleisch verteilt sind. Zumindest die großen dunklen Kerne sollte man so gut es geht herauspulen.

Melonenviertel schälen, das Fruchtfleisch in kleine Würfel schneiden – als Richtmaß dient ein Stück Würfelzucker. Wer etwas für die Optik tun möchte, der nimmt einen sogenannten Pariser Ausstecher, auch als Kugelausstecher bekannt. Mit ihm lassen sich schöne runde Kugeln aus dem Fruchtfleisch herausdrehen. Dann erübrigt sich das Schälen der Melonen, da man die Kugeln am einfachsten aus der ungeschälten halbierten Frucht ausstechen kann.

Melonenstücke in den Sirup geben und im Kühlschrank für mindestens eine Stunde kaltstellen. Melonensuppe in Gläser oder Dessertschalen verteilen und direkt vor dem Servieren mit einem guten Schuss eiskaltem badischen Winzersekt aufschäumen. Was in der Flasche übrig bleibt, wird gleich zum Dessert getrunken.

New York Cheesecake

Wer in Berlin oder anderen größeren Städten durch die angesagten Cafés zieht, hat den Eindruck, dass ohne Cheesecake (Käsekuchen – sorry, liebe Fans des Freiburger Münstermarktes – war vorvorgestern!) gar nichts mehr geht. Er muss für einige Stunden in den Kühlschrank, am besten gleich über Nacht. Man bäckt ihn also sinnvoller Weise am Vortag.

Boden: Butter- oder Haferkekse, eine halbe-halbe Mischung mit Spekulatius schmeckt auch sehr gut, in einer Schüssel fein zerbröseln. Ganz so fein wie Semmelbrösel muss es nicht sein, grobe Brocken sollten aber vermieden werden. Butter schmelzen, zu den Bröseln geben und gut vermengen.

Backform mit Backpapier auslegen, den Rand leicht einfetten. Die Butter-Brösel-Mischung gleichmäßig auf dem Boden verteilen und mit dem Rücken eines Suppenlöffels fest und glatt andrücken. Zum Vorbacken die Form für zehn Minuten in den auf 180 Grad vorgeheizten Backofen (Unter- und Oberhitze, mittlere Einschubleiste) schieben. Form herausnehmen und abkühlen lassen, bis sie nur noch handwarm ist.

In dieser Zeit die **Cheescake-Masse zubereiten:** Frischkäse, Quark, Schmand und Zucker in eine Rührschüssel geben und mit dem Beseneinsatz ein paar Minuten rühren, bis sich alles gut miteinander verbunden hat. Eier, flüssige Sahne, Zitronensaft dazugeben und kurz weiterrühren. Keine zu schnelle Stufe, sondern nur die mittlere Geschwindigkeit einschalten. Die Masse soll zwar gut vermengt und glatt, aber nicht schaumig aufgeschlagen sein.

Masse in die Backform gießen und, falls nötig, mit einem Teigschaber gleichmäßig verteilen. In dem nach wie vor 180 Grad heißen Backofen eine gute Stunde backen. Der Kuchen ist fertig, wenn sich die Käsemasse am Rand leicht braun färbt. Aus dem Backofen nehmen, abkühlen lassen und ein paar Stunden im Kühlschrank kaltstellen.

Den Kuchen 20 Minuten vor dem Servieren aus dem Kühlschrank nehmen und mit Salzkaramell verzieren. Für den Karamell Zucker und Wasser in einen Topf geben und so lange vorsichtig erhitzen, bis der Zucker schmilzt und eine goldbraune Farbe annimmt. Butter und Salz dazugeben und weiter köcheln. Sahne hineinrühren und so lange weiter erhitzen, bis sich eine geschmeidige Konsistenz – nicht zu flüssig, nicht zu dick – ergibt. Karamell locker kreisförmig über den Kuchen verteilen und servieren.

Zutaten für Backform
ca. Ø 26 cm,
12 Kuchenstücke

Boden
120 g Haferkekse
120 g Spekulatius
120 g Butter

Masse
500 g Frischkäse (40% Fettstufe)
100 g Magerquark
200 g Schmand
150 g Sahne
180 g Zucker
1 Tütchen Vanillezucker
2 Eier
3 EL Zitronensaft

Karamell
150 g Zucker
3 EL Wasser
100 g Butter
100 g Sahne
1 Prise Salz

Pancakes mit Heidelbeeren

Pancakes sind die amerikanische Variante unserer Pfann- bzw. Eierkuchen. Diese leicht fluffigen Dinger sind so beliebt, dass es nur in ganz seltenen Ausnahmefällen zu langen Gesichtern bei Tisch kommt. Womöglich hat in diesem angenehmen Nebeneffekt – der vor allem dann seine Wirkung zeigt, wenn Kinder mitessen – die Redewendung »Friede, Freude, Eierkuchen« ihre Wurzeln.

Der ganz große Klassiker ist die Kombination mit Heidelbeerkompott. Wenn man sie nicht süß, sondern mit einer Prise Salz zubereitet, taugen sie auch hervorragend als Grundlage für eine herzhafte Speise – zum Beispiel für ein Ragout aus selbst gesammelten Steinpilzen.

Eier trennen, Eigelbe mit der Milch in einer Schüssel gut verrühren, Mehl und Backpulver dazu sieben und Zucker dazugeben. Solange weiterrühren, bis eine glatte Mischung ohne Klümpchen entsteht.

Eiweiß sehr steif schlagen und vorsichtig unter die Masse heben. Also nicht wild hineinrühren – das würde dem Eischnee seine Luftigkeit gleich wieder nehmen, sondern in ruhigen kreisenden Bewegungen mit dem Schneebesen unterheben.

In einer Pfanne Butter erhitzten. Da die Pancakes nicht zu groß werden sollen (die Größe eines Handtellers ist eine gute Richtschnur), gibt man pro Pancake ein bis zwei Esslöffel von dem Teig in die Pfanne. Der Teig ist erstaunlich stabil, so dass man ohne Probleme die runden Stücke formen kann. Sie dürfen auch nicht zu dünn werden, das heißt, dass der Teig etwa einen Finger dick sein sollte. Pro Seite lässt man sie rund zwei Minuten bei mittlerer Hitze garen. Wenn sie auf jeder Seite eine schöne goldbraune Farbe angenommen haben, sind sie fertig.

Aus der angegebenen Masse kann man etwa acht Pancakes herstellen. Die fertig Gebackenen stellt man auf einem Teller im Backofen bei 60 Grad warm. Abdecken, damit sie nicht austrocknen.

Kompott: Beeren waschen und mit etwas Zucker kurz aufkochen. Ob man das Kompott völlig vermust mag oder noch sehr stückig, ist Geschmackssache.

Für die weitere Füllung nimmt man in Amerika gerne glatt gerührten Joghurt oder, noch typischer: Sour Cream, also Saure Sahne. Wer geschlagene Sahne lieber mag, nimmt die.

Anrichten: Einen Pancake als Grundlage auf den Teller geben, einen Klacks Sahne, Joghurt oder Sour Cream auftun, darauf etwas Kompott, den zweiten Pankace darauflegen und mit einer weiteren Schicht aus Sahne und Beeren abschließen.

DESSERT

Zutaten für vier Personen, ca. 8 Pancakes

2 Eier
75 ml Milch
80 g Weizenmehl
2 Messerspitzen Backpulver
2 gehäufte TL Zucker
Butter zum Ausbacken

250 g Heidelbeeren
1 gehäufter TL Zucker

1 Becher Sahne (wahlweise 250 g Joghurt oder 250 g Sour Cream)

—Schnapsdrossel—

Pavlova

Pavlova ist die spektakulärste Nachspeise für die Erdbeersaison. Für alle, die Baiser beziehungsweise Meringe lieben, die nicht jede Kalorie einzelnen zählen und einem Aha-Effekt bei Tisch nicht abgeneigt sind, ist dieses Dessert kaum zu toppen. Es hat australische oder auch neuseeländische Wurzeln und wurde dort angeblich 1935 zu Ehren der Primaballerina Anna Pavlova erfunden. Sie soll Baiser-Liebhaberin gewesen sein. Die zugeführten Kalorien hat sie gleich wieder weggetanzt. Das Dessert ist erstaunlich einfach zuzubereiten und die Zutatenliste ist kurz.

Baiser-Boden: Eiweiße in einer Schüssel mit dem Schneebeseneinsatz des Handmixers solange schlagen, bis der Eischnee halb steif ist. Während man die Masse dann weiterschlägt, den Zucker zusammen mit dem Vanillezucker einrieseln lassen, solange weiter schlagen, bis der Eischnee steif ist und glänzt. Einrieseln lassen heißt: Den Zucker nicht in einem Schwung dazu kippen, aber auch nicht jedes Korn einzeln, also gleichmäßig zügig. Dann Essig und die Speisestärke dazugeben, kurz unterrühren, fertig ist die Baiser-Masse.

Auf einem Backblech eine runde Fläche von etwa 20 bis 25 Zentimeter Durchmesser mit Butter leicht einfetten. Auf diese Fläche die Baiser-Masse gleichmäßig verteilen, zirka drei Zentimeter hoch. Außenherum einen kleinen Rand bilden und dabei ringsum kleine Spitzen formen – das ist aber letztendlich Dekoration und muss nicht zwingend sein.

Backblech in den auf 180 Grad vorgeheizten Backofen (Ober- und Unterhitze, keine Umluft, mittleren Einschubleiste) schieben und die Temperatur sofort auf 100 Grad zurückdrehen. Den Baiser-Boden eine Stunde backen, danach die Backofentüre öffnen und den Baiser-Boden im offenen Backofen kalt werden lassen.

Backblech herausnehmen und den Baiser-Boden mit einem Tortenheber (mit zwei klappt es besser) vorsichtig auf eine Platte bugsieren, am besten gleich auf diejenige, auf der später serviert wird. Im besten Fall ist der Baiser-Boden ringsum knusprig gebacken und in der Mitte noch leicht feucht. Wenn er im Zentrum etwas nachgibt und leicht einsinkt, macht das überhaupt nichts.

Zwischenzeitlich Erdbeeren putzen, in Stücke schneiden und leicht zuckern. In Australien mischt man angeblich noch das Innere einer Passionsfrucht unter die Erdbeeren. Das schmeckt in der Tat sehr gut, da die Passionsfrucht neben ihrem Aroma auch noch einiges an Säure mitbringt. Das Aroma passt zu den Erdbeeren, und die Säure bildet einen schönen Kontrast zum zuckersüßen Geschmack des Baisers.

Kurz vor dem Servieren – den Baiser-Boden kann man auch schon ein paar Stunden vorher backen – Sahne steif schlagen und zusammen mit den Erdbeeren dekorativ auf den Baiser-Boden häufen.

Zutaten für vier bis sechs Personen

3 Eiweiß
200 g Zucker
1 gehäufter TL Vanillezucker
1 TL weißer Weinessig
1 gestrichener TL Speisestärke
1 Becher Sahne
250 g Erdbeeren
etwas Zucker
1 Passionsfrucht

DESSERT

Rhabarber mit Ziegenquark

Sobald die kulinarischen Frühlingsboten die Stände auf unseren Märkten erobern, lässt man die ersten Rhabarberstangen ganz sicher nicht links liegen, zumal monatelang hauptsächlich Äpfel und Birnen auf dem Obstteller lagen. Um allfälligen Richtigstellungen zuvorzukommen: Ich weiß, Rhabarber ist kein Obst. Er wird von den Botanikern den Gemüsen zugeordnet. Gleichwohl wird er bei uns fast nur wie Obst zubereitet und verzehrt, also süß und in der Regel als Kompott.

Der herb-säuerliche Rhabarber passt gut zum kräftigen Ziegenquark. Wobei ich hier zunächst die Bedenken all jener zerstreuen möchte, die Ziegenkäse nicht mögen und deshalb auch vom Ziegenquark bislang die Finger gelassen haben. Dieser Quark ist zwar etwas kräftiger als jener von der Kuh, er schmeckt jedoch lediglich ein bisschen anders, aber nicht im Ansatz penetrant oder gar nach Stall und für einen Ziegenkäseliebhaber fast schon enttäuschend wenig ziegig.

Als erstes bereiten wir das Rhabarberkompott zu, denn es muss auskühlen, bevor wir es mit den anderen Zutaten portionsweise und Schicht für Schicht in Gläser füllen. Stangen abwaschen, oben und unten ein kleines Stück abschneiden und mit diesem Arbeitsgang gleich das faserige Äußere von oben nach unten wegziehen. Stangen in kleine Stücke schneiden. In einem Topf den Zucker karamellisieren, den Rhabarber dazugeben, einen ganz kleinen Schuss Wasser angießen und den Rhabarber weichkochen. Mit weiterem Zucker abschmecken.

Ziegenquark zusammen mit dem Joghurt glattrühren. Sahne mit einem Teelöffel Vanillezucker steif schlagen und unter den Quark heben. Löffelbiskuits in kleine Stücke brechen und mit dem Sirup beträufeln. Da eignet sich alles, was wir gerade zur Hand haben. Wichtig ist die Süße des Sirups, der zum säuerlichen Rhabarber einen Kontrast entwickeln muss. Holunderblütensirup etwa passt bestens. Die Biskuitstücke sollten etwas Sirup aufnehmen aber nicht zu viel, so dass sie völlig durchweichen und matschig werden.

Alles in kleine Gläser (etwa 0,2 Liter Inhalt) schichten. Zunächst eine Lage Kompott, dann eine Lage Biskuits, dann Quark und so weiter, bis das Glas voll ist. Zum Schluss Kakaopulver darüber stäuben und mit einem Minzeblatt dekorieren.

Man kann das sofort servieren oder auch noch im Kühlschrank zwischenlagern. Dann allerdings werden die Biskuitstücke mit der Zeit immer weicher.

Zutaten für vier Personen

500 g Rhabarber
1 gestrichener EL Zucker
250 g Ziegenquark
150 g Sahne
100 g Joghurt
1 gehäufter TL Vanillezucker
8 Löffelbiskuits
8 EL Holundersirup
Kakaopulver
Minzeblätter

Gratiniertes Zwetschgenkompott

Neben dem vor Saftigkeit triefenden Zwetschgendatschi nach bayerischer Machart und dem Zwetschgen-Crumble ist mir diese Nachspeise die liebste Art der Zwetschgenverwendung.

Früchte waschen, abtrocknen, halbieren und entsteinen. Mandelstifte in einer Pfanne ohne Zugabe von Fett bei mittlerer Hitze goldbraun rösten. Dabei immer wieder umrühren oder die Pfanne kräftig schütteln. Gerösteten Stifte sofort aus der Pfanne nehmen, auf einen Teller geben, damit sie in der Resthitze der Pfanne nicht verbrennen.

Zucker in einen Topf schütten und karamellisieren, also so lange vorsichtig erhitzen, bis er geschmolzen ist und eine mittelbraune Farbe angenommen hat. Auch hier heißt es aufpassen und lieber mit geringer Hitze arbeiten, damit der Zucker nicht zu dunkel und damit bitter wird. Mit dem Zwetschgenwasser und einem guten Schuss Leitungswasser ablöschen. Der eben noch flüssige braune Zucker wird auf der Stelle hart. Deshalb köchelt man so lange weiter, bis er sich in der Flüssigkeit wieder aufgelöst hat.

Zwetschgen, Zitronenschale und die Rosinen dazugeben, einmal aufkochen und etwa fünf Minuten sanft vor sich hin blubbern lassen. Nach der Hälfte der Zeit die Speisestärke mit kaltem Wasser anrühren und zum Kompott geben. Das ergibt eine leichte glasige Bindung. Das Kompott ist nun weder wässrig noch zu fest. Kompott abschmecken, vielleicht fehlt noch Zucker. Eine Prise Zimt passt bei Zwetschgen eigentlich immer. Mandelstifte untermischen. Das Kompott in vier feuerfeste Gratinierschalen verteilen.

Gratiniermasse: Sahne steif schlagen. Zucker und Eigelbe in eine Rührschüssel geben und mit den Schneebeseneinsätzen des Handrührgerätes schaumig schlagen. Schaumig schlagen heißt: Etwa drei Minuten rühren, bis sich Eigelbe und Zucker miteinander verbunden

Zutaten für vier Personen

500 g Zwetschgen
3 gehäufte EL Mandelstifte
150 g Zucker
3 EL Zwetschgenwasser
0,1 l Wasser
2 gehäufte EL Rosinen
1 gehäufter TL abgeriebene Schale von 1 Bio-Zitrone
1 gestrichener TL Speisestärke

Gratiniermasse

½ Becher Sahne
2 Eigelbe
60 g Zucker
1 EL Fruchtlikör (z.B. Grand Marnier)
Puderzucker

4 Kugeln Vanilleeis

haben und die Masse hell, fast weiß und leicht schaumig wird. Zum Schluss noch den Fruchtlikör dazugeben und die Sahne locker unterheben. Masse über das Kompott verteilen und die Schalen in den Backofen unter den voll aufgedrehten Grill stellen. Sobald sich ein paar Stellen braun bis dunkelbraun färben, ist das Gratin fertig. Mit Puderzucker bestäuben. Wer dem noch die Krone aufsetzen möchte, toppt jede Schale mit einer Kugel Vanilleeis.

REGISTER

70 Rezepte

- **Vorspeisen**
- **Vegetarisch**
- **Fisch**
- **Geflügel**
- **Fleisch**
- **Dessert**

A
- Aperol-Spritz-Nachspeise → **156**
- Apfelkuchen, Großmutters Art → **164**
- Apfel-Meerrettich-Suppe → **16**
- Arme Ritter mit Pilzen → **48**
- Artischocken, überbacken → **36**

B
- Backhendl → **124**
- Bärlauch-Pfannkuchen, gefüllt → **46**
- Beeren mit Buttermilch-Mousse → **158**
- Blutwurststrudel → **134**

C
- Couscous-Auflauf → **66**

E
- Ente, Canard à l'Orange → **112**
- Erdbeer-Charlotte → **160**
- Erdbeer-Pavlova → **172**

F
- Feigentarte → **162**
- Fisch auf Sauerkraut → **84**
- Fisch in Erbsensauce → **86**
- Fischeintopf, Matelote → **100**
- Forelle aus dem Ofen → **88**
- Forelle oder Saibling mit Linsen-Gemüse-Vinaigrette → **94**
- Forelle, geräuchert, mit Rote-Beete-Mousse → **22**

G
- Gemüse mit Parmesan-Crumbles → **26**
- Gemüse, gebraten → **44**
- Gemüse-Reis-Fisch-Topf → **90**
- Grünkohl → **76**

H
- Hähnchen, gefüllt → **114**
- Hähnchen mit Kräutern und Sommergemüse-Salat → **110**
- Hühnerbrühe → **118**

K

- Kalbsbäckle, geschmort → **140**
- Kalbshaxe mit Vinaigrette → **132**
- Kalbsragout → **144**
- Kalbstafelspitz → **146**
- Kartoffelküchle, gefüllt → **58**
- Kartoffel-Lauch-Schinken-Quiche → **128**
- Kartoffel-Steinpilz-Pizza → **72**
- Kirschplotzer → **80**
- Kürbissalat, lauwarm → **18**

L

- Lachsrolle → **20**

M

- Maishähnchen mit Morchelrahmsoße → **122**
- Mangold, bunt, mit Kartoffelpüree und pochiertem Ei → **56**
- Matjes-Gemüse-Kartoffel-Salat → **92**
- Melonensuppe, eiskalt → **166**
- Miesmuscheln → **96**
- Muschelsuppe → **40**

N

- New York Cheesecake → **168**

P

- Pancakes mit Heidelbeeren → **170**
- Pastinaken-Bolognese → **52**
- Petersilienwurzel-Püree → **24**
- Piccata mit Fisch → **102**
- Polenta mit Wintergemüse → **54**

P

- Poulardenbrust, gefüllt, mit Gemüse → **116**
- Putenkeule mit Gemüse → **120**

R

- Rhabarber mit Ziegenquark → **174**
- Rindfleisch-Spargel-Salat, lauwarm → **130**
- Rosenkohl-Kartoffel-Gratin → **62**
- Rotbarbenfilets auf geröstetem Brot → **104**
- Rote Beete mit Ziegenkäse → **30**

S

- Sauerkraut-Tarte → **70**
- Schnitzel aus Schweinefilet → **152**
- Sellerieknolle am Stück → **74**
- Spargelsuppe, klassisch → **32**
- Spinatpastete → **78**
- Süßkartoffel-Auflauf → **64**

T

- Teller-Gallert → **142**
- Topinambur, gebraten → **34**

W

- Wildhasenragout → **150**
- Wildschweinterrine → **38**

Z

- Zickleinbraten → **138**
- Zucchini-Spaghetti → **60**
- Zucchini-Spaghetti Vongole → **106**
- Zwetschgenkompott, gratiniert → **176**

Peter Gaymann

Das Gelbe vom Ei

Peter Gaymann, 1950 in Freiburg im Breisgau geboren, gehört zu den erfolgreichsten und beliebtesten Cartoonisten in Deutschland. Nach dem Studienabschluss (Sozialpädagogik) in seiner Heimatstadt beschloss er bei einer Tasse Kaffee, seiner künstlerischen Leidenschaft nachzugehen und machte sich 1976 als humoristischer Zeichner selbstständig.

2019 ist das 100. Buch von und mit Peter Gaymann erschienen, viele seiner Publikationen wurden Bestseller. Sein Markenzeichen sind die Hühner, die mit dem Kürzel P. GAY in Zeitschriften und Zeitungen, auf Postkarten, Kalendern, Postern und Radierungen der breiten Öffentlichkeit bekannt sind.

Hast du was?

Hans-Albert Stechl

Einfach gut gekocht

Hans-Albert Stechl, 1949 in St. Georgen im Schwarzwald geboren, sammelt weder Bierdeckel noch Briefmarken und Golf spielt er auch nicht — Kochen ist sein Hobby. Und das seit Jahrzehnten.

Er ist hauptberuflich als Anwalt für Arbeits- und Medienrecht in Freiburg tätig und erholt sich von Büro und Aktenstaub am liebsten zuhause am Herd sowie beim Schreiben über kulinarische Dinge.

Er hat an drei Dutzend Büchern über Kochen und genussvolles Reisen mitgearbeitet und ist Mitherausgeber des Freiburger Marktkalenders. Seit 20 Jahren veröffentlicht er alle zwei Wochen seine Kochkolumne im Wochenend-Magazin der »Badischen Zeitung« mit Rezepten, die keinen Stress machen und immer gelingen. Ganz nach dem Motto seiner ersten Kochbücher: »Einfach gut gekocht«.

"Kannst du treu sein?"

"Ich gehe zum Beispiel seit zehn Jahren beim gleichen Italiener meine Spaghetti essen."

Merci!

Wir sind ein bisschen stolz auf unser erstes gemeinsames Werk — eine wie wir finden ziemlich köstliche Mischung aus leckeren Anregungen zum kreativen Kochen am eigenen Herd und einer ordentlichen Portion an schrägem Humor zum Schmunzeln und Lachen.

Wir bedanken uns bei allen, die mitgeholfen haben, denn ohne deren Rat und Tat, professionelle Mitarbeit und Unterstützung hätten wir das nicht hinbekommen:

Wolfgang Wick, der mit seinem Grafik-Design-Büro Magenta viele kreative Ideen eingebracht und alles in ein wunderbares Layout gegossen hat;

Michael Spiegelhalter, der mit seinem scharfen Blick durch die Linse des Fotoapparates tolle Bilder beigesteuert hat;

Torang Sinaga, der als Verlagsleiter das Projekt von der ersten Idee an unterstützt hat;

Christine Weis, die alles lektoriert und nicht nur den letzen Tippfehler beseitigt, sondern auch eingegriffen hat, wenn bei einer Zutatenliste etwas nicht stimmte;

Christine Gutzmer vom Stadtarchiv Freiburg, mit der wir die Idee mit dem historischen Stadtplan aus den 1870er Jahren im Freiburg-Kochbuch ohne jedes bürokratische Hindernis umsetzen konnten;

Manu Moßmann vom Marktstand C. Billmann aus March am Kaiserstuhl, die uns den üppigen Gemüsekorb für die Marktfotos gepackt und ihren Stand auf dem Freiburger Münstermarkt zum Fotografieren zur Verfügung gestellt hat;

Jürgen Hofmann von der Druckerei Hofmann in Emmendingen, der alles auf Naturpapier perfekt gedruckt hat;

… und nicht zuletzt einer uns nicht näher bekannten Mithilfe dafür, dass an einem völlig verregneten Freitag doch noch für eine Stunde die Sonne durchkam und wir unsere Fotos auf dem Freiburger Münstermarkt machen konnten …

Wir heben das Glas auf Euch alle und sagen: DANKE!

Impressum

Originalausgabe
Copyright | All Rights Reserved | 1. Auflage 2021
© | 2021 by Rombach Verlag GmbH & Co. KG, Freiburg
ISBN | 978-3-7930-9971-0

Illustrationen | Peter Gaymann
Rezepte | Hans-Albert Stechl
Idee & Konzept | Peter Gaymann & Hans-Albert Stechl

Portraits | Michael Spiegelhalter
Foodfotos | Hans-Albert Stechl & Michael Spiegelhalter
Historischer Stadtplan | Freiburg aus den 1870er Jahren, Stadtarchiv Freiburg i. Br. / Signatur M14/33e

Assistenz | Maike Schroff
Textredaktion | Hans-Albert Stechl
Lektorat | Christine Weis
Reprografie | Peter Trenkle, Freiburg

Gestaltung | Büro MAGENTA, Freiburg
Druck | Hofmann Druck, Emmendingen

Besuchen Sie unsere Website
→ **www.rombach-verlag.de**

Wir übernehmen Verantwortung – nicht nur für Inhalt und Gestaltung, sondern auch für die Herstellung. Das Papier für dieses Buch ist FSC-zertifiziert. Es entspricht den Standards der Kategorie »FSC Mixed Sources«. Auch die Druckerei ist FSC- und PEFC-zertifiziert.

FSC (Forest Stewardship Council) und PEFC (Programme for the Endorsement of Forest Certification Schemes) sind Organisationen, die sich weltweit für eine umweltgerechte, sozialverträgliche und ökonomisch tragfähige Nutzung der Wälder einsetzen, Standards für nachhaltige Nutzung der Wälder sichern und regelmäßig deren Einhaltung überprüfen. Durch die Zertifizierung ist sichergestellt, dass kein illegal geschlagenes Holz aus dem Regenwald verwendet wird und klare ökologische und soziale Grundanforderungen eingehalten werden.

FSC MIX
Papier aus verantwortungsvollen Quellen
FSC® C084513

PLAN der STADT FREIBURG
incl. HERDERN und WIEHRE
bearbeitet von
C. BOLIA,
Lithographie & Steindruckerei-Besitzer.

Alphabetisches Verzeichniss
1. der öffentlichen Gebäude.

Der Buchstabe u. Zahl bedeuten das Carré, in welchem das betreffende Haus oder die Strasse zu finden.

Die ohne kleine Buchstaben aufgeführten Gebäude sind im Plane überschrieben.

Amts-Gericht	C 7	a	Gewerb-Schule	C 6	j	Mädchenschule Oberstadt	D 6	s
Amts-Gefängniss	C 7	b	Grossherzogl. Palais	D 6	k	Martinsthor mit Kirche	C 6	
Albert-Carolinen Stift	C 5	c	Harmonie	C 6	l	Militär-Spital	D 5	t
Anatomie	C 3		Hauptsteuer Amt	D 6	m	Münster	D 5	
Bahnhof	A 4		Höhere Bürgerschule	B 5	n	d°. Pfarrhof	D 5	u
Bezirks-Amt	D 5	d	Kaserne 1.Karlskas	D 4		Museum	C 5	v
Blindenversorg.s Anstalt	E 1		2. Rempartkaserne	B 6		Ordinariats-Canzlei	C 6	w
Bürger-Spital	C 5	e	3. städt. Kaserne	D 6	o	Post	D 5d	
Chem. Laboratorium	C 5	f	Kaufhaus	D 5		Rathhaus	C 5	x
Commandanten Haus	D 4		Knabenschule Oberst.	D 5	p	Religionsfond-Verwaltg	C 4	y
Convict mit Kirche	D 5		d°. Unterstadt	C 6j		Schwabenthor	D 6	
Domänen-Verwaltung	D 5	g	Knaben-Seminar	B 5	q	St. Martinspfarrei	C 5	z
Entbindungs-Anstalt	C 3		Kornhalle	D 5		Synagoge	B 6	
Erzbischöfl. Palais	D 5		Kranken-Spital	D 3		Theater	D 6	
Evang. Kirche u. Schule	D 4		Kreisgericht	C 7a		Universität mit Kirche	C 5	
Evangelisches Stift	D 5	h	Kunsthalle	E 4		Universitäts-Bibliothek	C 5	za
Freimaurer-Loge	C 6	i	Landesherrl. Gebäude	D 6m		Vereinshaus	D 4	
Gerichts-Notariat im Polizei- u. Postgebäude.	D 5d		Lehrinstit. St. Ursula mit Kirche	B 5	r	Vincentius-Haus	C 4	zl
			Lyceum	B 5		Waisenhaus für Mädchen.	D 5	ze
			Mutterhaus	D 3				

Wiehre

Verschiedenes.

Actien Bad	A 7
Alleegarten	B 6
Café Bensel	C 5
Café Kopf	D 5
Jägerhäusle	H 1
Kanonenplatz	E 6
Ludwigshöhe, Pavillon	E 6
Saulier'sche Allee	B 3
Schwimmbad	A 9
Sommerwirthsch.¹ Schauch	E 6
Werder Denkmal (Project)	B 6
Turnplatz	B 7

Adler
Bären
Deutscher Hof
Dreikönige
Engel
Hôtel Föhrenbach
Freiburger Hof
Geist
Grünbaum